교과서 인물로 배우는 우리 역사

LIVE
한국사 | 3권

백제의 찬란한 문화

천재교육

글 임창호

〈원더풀 사이언스: 놀이기구〉를 시작으로 학습만화 스토리를 쓰고 있습니다. 그동안 지은 책으로 〈아기공룡 둘리 과학대탐험: 새와 물고기〉, 〈세상을 바꾼 큰 걸음: 찰리 채플린〉, 〈How So? 하늘의 동물/우주와 태양계/로봇/신비한 과학 문명〉, 〈마법천자문 사회원정대〉, 〈Why? 살아 있는 화석〉, 〈빈대 가족의 아빠 어디 가?〉 등이 있습니다.

그림 이정태

〈와일드 업〉을 연재하면서 만화가 활동을 시작했습니다. 2000년에는 문화체육관광부가 선정하는 '오늘의 우리 만화상'을 수상하였고, 아이들에게 유익하고 재미있는 학습만화를 그리기 위해 노력하고 있습니다. 대표작으로는 〈코믹 테일즈런너 고고씽〉, 〈아테네·스파르타에서 살아남기〉, 〈로마 제국에서 살아남기〉, 〈김병만의 정글의 법칙〉, 〈테일즈런너 나타부한 부수한자〉 등이 있습니다.

학습·감수 윤민혁

서울대학교 사범대학 역사교육과를 졸업하였습니다. 현재 ㈜아비아 역사연구소에서 연구실장을 지내고 있습니다. 주요 저서로는 〈셀파 중학 역사(천재교육)〉, 〈중학 역사 자습서(천재교육)〉, 〈메가북스 기출외전 개념총정리 한국사 능력 검정시험〉 등이 있습니다.

LIVE 한국사 ③백제 〈백제의 찬란한 문화〉

발행 | 2016년 2월 1일 초판 **인쇄** | 2023년 2월 27일 8쇄
발행처 | (주)천재교육
글 | 임창호 **그림** | 이정태 **학습·감수** | 윤민혁
표지 그림 | 윤재홍 **표지 디자인** | 양x호랭
편집 | 이복선, 안흥식, 박세경, 이미순, 김지영, 김수지
마케팅 | 김철우 **제작** | 황성진
사진제공 | **표지** 국립중앙박물관, 문화재청
　　　　　본문 국립중앙박물관, 문화재청, 연합뉴스, 유로크레온, 게티이미지(멀티비츠), 국립문화재연구소
신고번호 | 제2001-000018호(1980.5.28)
팩스 | 02-3282-1717 **고객만족센터** | 1577-0902
주소 | 08513 서울특별시 금천구 가산로9길 54
홈페이지 | www.chunjae.co.kr

ISBN 979-11-259-1339-9 74910
ISBN 979-11-259-1336-8 74910 (세트)

이 책은 저작권법에 보호받는 저작물이므로 무단복제, 전송은 법으로 금지되어 있습니다.

추천의 글

　우리가 역사 공부를 하는 이유는 우리 사회의 여러 문제를 해결하기 위한 지혜를 얻기 위해서입니다. 한국사는 우리 삶과 문화의 뿌리이기 때문입니다. 지구촌 시대에 이러한 소속감의 중요성은 그 어느 때보다도 강조되고 있습니다. 하지만 이런 소속감은 하루아침에 생기지 않습니다. 조금씩이라도 어릴 때부터 흥미를 가지고 역사 속 이야기들에 귀를 기울이면서 생각해 보는 경험이 필요합니다.

　<LIVE 한국사>는 이런 목적에 맞게 잘 만들어진 책입니다. 무엇보다 쉽고 재미있으면서도 내용이 충실합니다. 최신의 연구 성과를 반영하고 균형감 있는 관점에 따라 잘 정리해 놓았습니다. 이 책을 읽는 초등학생들이 건전한 민주 시민으로 자라나게 될 것을 기대해 봅니다.

서울대 국사학과 교수
허수

이 책의 특징

1 인물 중심 역사!

인물과 관련된 사건의 원인과 과정, 결과를 만화 속에 녹여 독자의 이해를 돕습니다.

2 톡톡 튀는 정보!

만화 사이에 문화재 사진과 학습팁을 삽입, 놓치기 쉬운 학습 정보를 보충합니다.

꼭 읽고 만화를 보도록 해!

톡톡! 역사

신라에서 발견된 고구려의 유물은?

신라에서 발견된 고구려의 대표적인 유물로는 호우명 그릇과 적석총 등이 있다. 호우명 그릇은 경상북도 경주의 호우총에서 발견된 것으로, 그릇 밑받침에 새겨진 '을묘년국강상광개토지호태왕호우십'이라는 글귀는 이 그릇이 고구려의 공예품이라는 것을 알 수 있게 해 준다. 또 다른 유물인 적석총은 고구려의 전통적인 무덤 양식인데, 신라 땅이었던 울산 은현리에서 이러한 적석총이 발견되었다는 것은 신라가 고구려의 영향을 받았다는 것을 보여 주는 중요한 역사 자료이다.

▲ 호우명 그릇　　▲ 은현리 적석총

3 충실한 자료!

만화 속 배경, 복식, 나이 등을 실제 사료를 참고하여 충실히 구현했습니다.

최신 발굴 유적과 유물 사진, 교과서에서 자주 나오는 지도를 담았습니다.

▲ 고구려 집안현 개마무사 모사도　ⓒ 국립중앙박물관　　▲ 만화 속에 반영된 고구려 개마무사

발해 보루와 바리 토기는 2015년에 발굴되었어!

▲ 연해주 발해 보루터 ⓒ 국립문화재연구소　　▲ 연해주 발해 말갈층 바리 토기 ⓒ 국립문화재연구소　　▲ 교과서 속 지도

4 한눈에 보는 역사!

만화에서 동아시아의 역사를 함께 보여 주고 핵심 노트에서 한국사와 동시대의 세계사를 요약, 정리했습니다.

고구려와 남북조의 관계를 묘사했어!

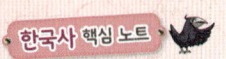 VS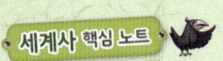

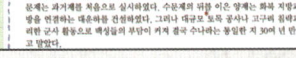

5 드론 & 박물관 생생 역사 체험!

스마트폰으로 QR코드를 찍으면 해당 문화재가 있는 박물관 및 직접 촬영한 드론 동영상 등을 생생하게 체험할 수 있습니다.

안동 도산 서원

우리나라의 대표적인 유학자 퇴계 이황이 성리학을 연구하고 제자들을 가르쳤던 도산 서당이 있던 곳으로, 1574년 그가 세상을 떠난 뒤 제자들이 그의 업적을 기리기 위해 서당 뒤편에 서원을 지었다. 사적 제170호.
• 소재지 : 경북 안동시 도산면 도산서원길 154

▲ 안동 도산 서원 전교당 ⓒ 문화재청

드론 촬영한 생생한 유적지를 만나 보세요!

6 부록 역사 카드!

스마트폰으로 역사 카드 뒷면의 QR코드를 찍어 앱을 다운받으면 3D 증강 현실과 애니메이션으로 역사 속 인물을 만나 볼 수 있습니다.

★ 멀티 영상 감상 방법!

① 스마트폰으로 QR코드를 찍어 〈LIVE 한국사〉 앱을 설치한 후 각 권을 다운받습니다.
② 카드 앞면의 이미지를 앱에 비추고 해당 권의 애니메이션을 선택하여 감상합니다.
③ 카드 한 장은 스페셜 카드로, 증강 현실과 3D 애니메이션을 감상할 수 있습니다.

역사 인물을 3D 동영상으로 감상!

인물에 관련된 애니메이션도 재밌게!

등장인물 소개

누리
"보주 조각 찾기 신동인 누리 님의 활약을 기대하라고!"

평소 역사에 관심이 많아 단짝 아라와 함께 경복궁으로 답사를 갔다가 덜렁대는 아라 덕분에 환상적인 역사 여행을 하게 된다.

아라
"백제 시대에 오다니 먹을 것도 많아서 신난다!"

용감하고 나서기 좋아하는 여장부이지만 미남 앞에서는 매우 수줍어한다. 백제가 다른 나라와 교류가 많아서 여러 나라를 가게 되어 더욱 즐거워한다.

보주

"우리 민족의 역사의식을 담은 결정체, 보물 구슬이야!"

한민족의 역사의식을 담고 있는 보물 구슬로, 언제 어디서 생겨났는지는 아무도 모른다. 누리와 아라의 장난 때문에 20조각으로 부서져 과거로 사라졌다.

아무르
"날 고양이로 오해하지 마!"

백제 역사 마스터. 불리할 때는 고양이인 척하지만 사나운 표범으로 변신하기도 한다!

근초고왕
"백제의 기초는 내가 다진다!"

(재위 346~375년)
백제 13대 왕. 삼국 중 백제를 가장 먼저 전성기로 이끈 백제 최고의 정복 군주이다. 왕위의 부자 상속을 확립하였고, 중국 남조와 교류하는 등 백제를 크게 발전시켰다.

무령왕
"내가 죽은 후 만들어진 무령왕릉의 유물 좀 보라고!"

(재위 501~523년)
백제 25대 왕. 혼란스러운 백제를 안정시키고, 고구려를 계속 견제하였다. 중국 양나라, 왜와 친밀한 관계를 맺었고, 백성들의 삶도 잘 보살폈다.

아직기

말을 돌보던 내가 태자의 스승이 되다니!

백제 근초고왕의 명으로 왜왕에게 말 두 필을 선사하였고, 왜에 머물며 말을 돌보았다. 이후 학식이 높아 태자의 스승까지 되어 일본 문화에 영향을 주었다.

왕인

백제의 선진 문물을 왜에 전해 주었지요.

아직기의 추천을 받아 왜왕이 초청함에 따라 왜에 건너가 태자의 스승이 되었다. 〈논어〉와 〈천자문〉 등을 왜에 가지고 가서 왜의 문화 발전에 크게 기여하였다.

성왕

도읍도 옮기고 국호도 새로 바꿨지.

(재위 523~554년)
백제 26대 왕. 웅진(공주)에서 사비(부여)로 도읍을 옮긴 후 '남부여'로 국호를 바꾸었다. 중앙 관청과 지방 행정 조직을 정비하였다.

계백

5천 결사대와 함께 신라에 맞설 것이다!

(알 수 없음~660년)
백제 최후의 명장. 죽음을 각오하고 황산벌 싸움에 용감하게 나섰지만 이미 기운 백제의 국운을 다시 되돌릴 수는 없었다.

의자왕

난 계백 장군만 믿소.

(재위 641~660년)
백제 31대 왕이자 마지막 왕. 초기에는 신라와의 전투를 승리로 이끈 성군이었으나 점차 사치와 향락에 빠져 백제의 몰락을 가져왔다.

차례

- **1장 백제 근초고왕은 어떻게 전성기를 이루었을까?** ······ 10
  - 한국사·세계사 핵심 노트 ········ 44

- **2장 아직기와 왕인은 어떻게 왜로 갔을까?** ······ 48
  - 한국사·세계사 핵심 노트 ········ 76

- **3장 무령왕은 백제를 어떻게 강국으로 만들었을까?** ······ 80
  - 한국사·세계사 핵심 노트 ········ 112

- **4장 성왕은 왜 사비로 수도를 옮겼을까?** ······ 116
  - 한국사·세계사 핵심 노트 ········ 148

- **5장 계백 장군과 의자왕은 백제를 지키기 위해 무엇을 했을까?** ······ 152
  - 한국사·세계사 핵심 노트 ········ 180

- 교과서로 보는 연표 ········ 9
- QR 박물관 ········ 194
- 도전! 역사 퀴즈 ········ 184
- 정답과 해설 ········ 196

• 만화 하단의 ▶표시는 역사 관련 어휘, ✱표시는 일반 어휘로 구분하였습니다.

교과서로 보는 연표

 한국사

 세계사

이 책에 해당하는 역사 연도를 미리 살펴 보세요!

한국사	연도	연도	세계사
백제 건국	기원전18		
고구려, 진대법 실시	194		
백제, 16관등 제정	260	25	중국, 후한 건국
		220	중국, 삼국 시대 시작
		235	로마, 군인 황제 시대 시작
		280	중국, 진나라 통일
		304	중국, 5호 16국 시대 시작
		313	로마, 크리스트교 공인
		320	인도, 굽타 왕조 성립
백제, 근초고왕 즉위	346		
백제, 마한 정복	369		
		375	게르만족의 대이동 시작
백제, 불교 수용	384		
		395	로마 제국 동·서로 분열
고구려, 평양 천도	427		
나·제동맹	433	439	중국, 남북조 시대 시작
백제, 웅진 천도	475	476	서로마 제국 멸망
		486	프랑크 왕국 건국
백제, 무령왕 즉위	501		
신라, 우산국 정벌	512		
신라, 율령 반포	520		
		529	로마, 유스티니아누스 법전 편찬
백제, 사비 천도	538		
백제, 한강 유역 일시 회복	551	589	수나라, 중국 통일
		592	일본, 아스카 시대 시작
		598	중국, 수문제 고구려 침공
고구려, 살수 대첩	612	618	중국, 당나라 건국
백제, 의자왕 즉위	641	645	일본, 다이카 개신
		651	사산 왕조 페르시아 멸망
백제 멸망	660		
고구려 멸망	668		
신라, 삼국 통일	676		

근초고왕 시대에 백제가 삼국 중 가장 먼저 전성기를 누렸지.

▶ 즉위 : 임금이 될 사람이 식을 치루고 임금의 자리에 오름.
▶ 천도 : 한 나라의 수도를 옮기는 것.

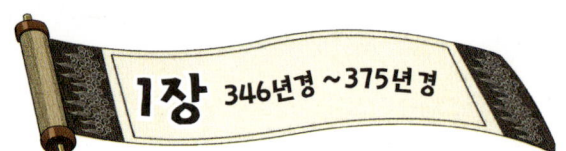

1장 346년경~375년경

백제 근초고왕은 어떻게 전성기를 이루었을까?

* 고생 : 어렵고 힘든 일을 겪음.
* 마스터 : master. 어떤 내용을 배워서 충분히 익히는 사람.

* 맹수 : 주로 육식을 하는 사나운 짐승.
* 보주 : 만화 속에 등장하는 한민족의 역사정신이 담긴 보물 구슬.

> **톡톡! 역사**
> ### 근초고왕 이전에는 왕위를 어떻게 물려줬을까?
>
> 백제 역사의 시작에는 온조와 비류, 두 명이 있다. 1~7대 왕은 온조의 후손이, 8~10대 왕은 비류의 후손이, 11대 왕은 다시 온조의 후손이, 12대 왕은 비류의 후손이 왕위를 물려받았다. 13대 왕인 근초고왕은 온조의 후손으로, 이때부터 왕위는 온조의 후손이 계속 물려받았다.

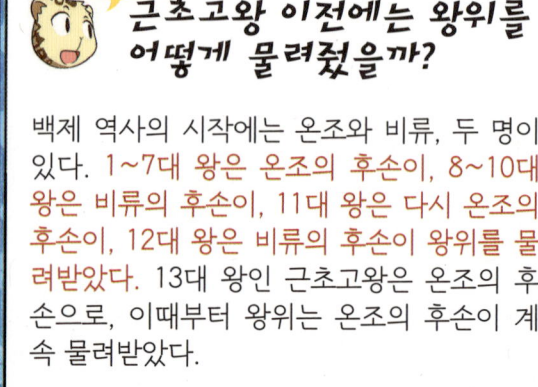

▶ 온조왕(재위 기원전18~기원후28년) : 고구려를 건국한 주몽의 아들이자 백제의 건국 시조.
▶ 비류(알 수 없음) : 온조의 친형. → 살아있던 시기를 정확히 알 수 없음.

* 정반대 : 완전히 반대되는 것.
* 책봉 : 왕세자, 왕세손, 왕후 등에게 관직이나 작위를 줌.

또 근초고왕은 당대 최고 권력가인 진씨 가문의 딸을 왕비로 맞았어.

진씨 가문의 *후원을 받은 근초고왕의 왕권은 더욱 강해졌지.

우리 잘 살아 봅시다.

이처럼 온조계 후손인 근초고왕이 비류계 후손을 *제압하고 단일한 왕통을 확립함으로써 백제는 크게 발전할 수 있었어.

왕이 강해야 국가가 강해지는 법!

근초고왕을 만나면 역사정신을 알게 될지도 몰라.

그럴 수도 있지.

이 녀석들이 일은 안 하고!

우릴 찾으러 왔나 봐.

14
* **후원** : 뒤에서 도와 줌.
* **제압** : 힘으로 상대방을 꼼짝 못하게 하는 것.

▶ 근초고왕(재위 346~375년) : 백제 13대 왕. 삼국 중 가장 먼저 전성기를 이룸.
* 행차 : 웃어른이 차리고 나서서 사람들을 이끌고 어디론가 가는 것.

* 제철 : 철광석을 다듬어 철을 뽑아 내는 일.
* 제련 : 광석을 용광로에 넣고 녹여서 금속을 분리하는 일.

* 가열 : 열을 주어 온도를 올리는 일.
▶ 마한 : 기원전 1세기~기원후 3세기에 걸쳐 경기·충청·전라도 지방에 분포한 54개의 소국.

* 노고 : 힘들여 수고하고 애씀.
* 표범 : 고양잇과의 포유류.

▶ 가야 : 기원전 1세기부터 기원후 6세기 중엽까지 경상남도와 경상북도 일부 지역을 다스림.
* 명 : 윗사람이 아랫사람에게 무엇을 하게 함.

* **대장간** : 쇠를 달구어 온갖 연장을 만드는 곳.
* **철기** : 쇠로 만든 그릇이나 기구.

톡톡! 역사
백제의 철정이란 무엇일까?

나무에 박아 못처럼 사용하기도 하고, 돈처럼 사용하기도 한 덩이쇠를 말한다.

▲ 철정

* 원동력 : 어떤 움직임의 근본이 되는 힘.
* 문물 : 문화에 관한 모든 것.

▶왜 : 한국과 중국에서 일본을 가리키던 호칭. 일본이라는 국호는 7세기 중반부터 사용됨.
*정벌 : 적 또는 죄 있는 무리를 무력으로써 침.

* **준비** : 미리 마련하여 갖춤.
* **쿠션** : 탈 것에 편히 앉도록 솜, 스펀지로 만든 것.

* 정면 : 똑바로 마주 보이는 면.
* 측면 : 옆면.

▶칠지도 : 일본 이소노카미 신궁에 소장된 백제 시대의 철제 가지 모양의 칼.
＊평정 : 적을 무찌름.

▶ **고국원왕**(재위 331~371년) : 고구려 16대 왕. 백제 근초고왕과 평양에서 싸우다가 죽음.
* **방심** : 마음을 다잡지 않고 풀어 놓아 버림.

* **후퇴** : 뒤로 물러남.
* **격파** : 무찌르거나 때려서 부숨.

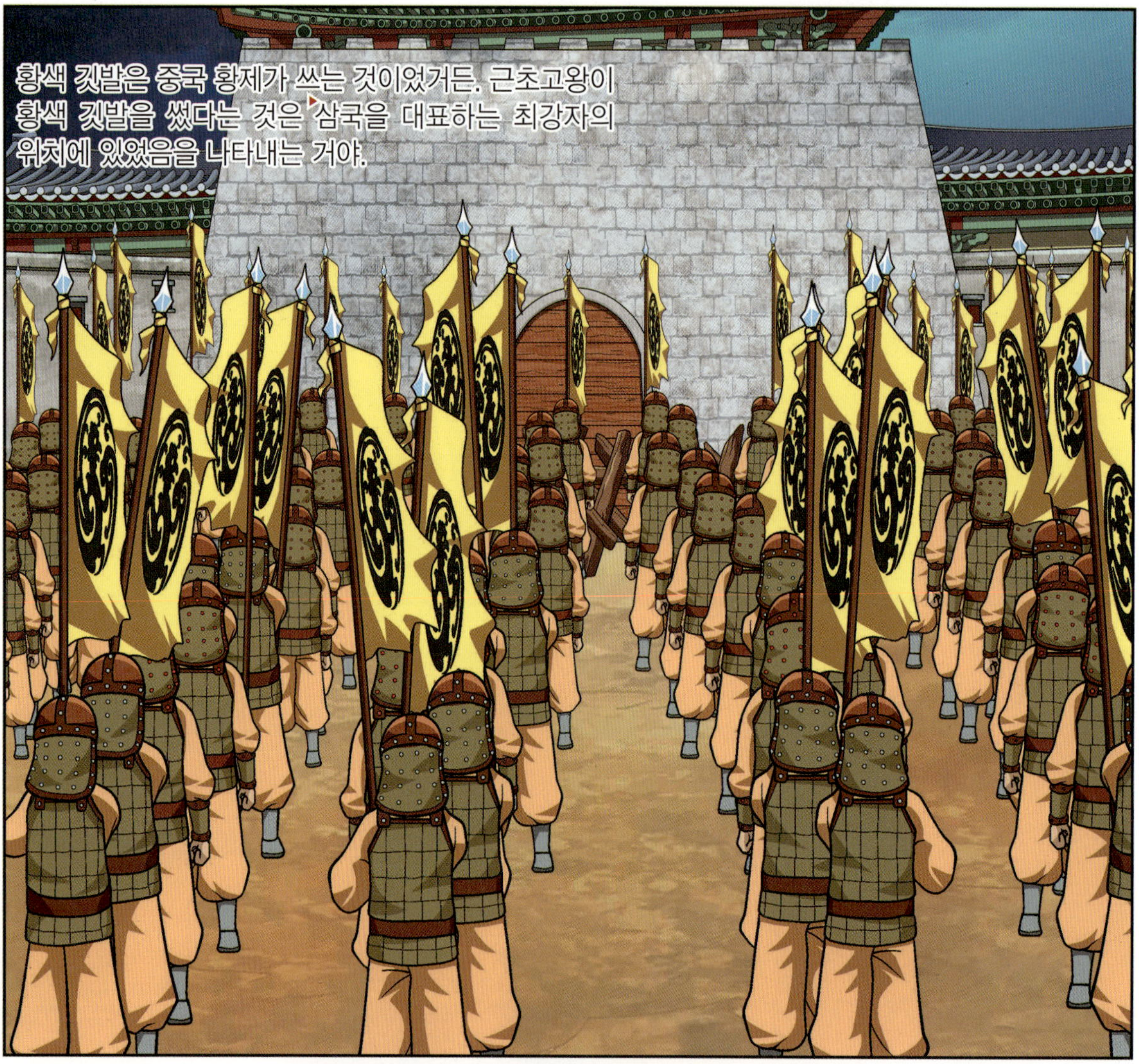

황색 깃발은 중국 황제가 쓰는 것이었거든. 근초고왕이 황색 깃발을 썼다는 것은 ▶삼국을 대표하는 최강자의 위치에 있었음을 나타내는 거야.

차근차근 *철기 문화를 발전시키면서 힘을 키워왔던 덕분이지.

흑, 자랑 스러워~.

그럼 장소를 옮겨서 백제가 고구려를 어떻게 물리치는지 보러 갈까?

그, 그래.

▶ **삼국** : 백제, 고구려, 신라를 이름.
* **철기** : 쇠로 만든 그릇이나 기구.

* 공간 : 영역이나 세계를 이르는 말.
▶ 패하강 : 지금의 황해북도 수안군에 위치한 예성강.

* **첩자** : 한 국가의 비밀을 몰래 알아 내어 대립 관계에 있는 국가에 제공하는 사람.
* **기습** : 적이 갑자기 들이쳐 공격함.

톡톡! 역사

패하 전투란 무엇일까?

371년에 고구려는 다시 대군을 이끌고 백제를 공격했다. 근초고왕은 패하 강가(지금의 황해북도 예성강)에 *복병을 배치해 두었다가 일시에 공격하여 대승을 거두었다.
그리고 기세를 몰아 평양성을 공격했다.

고구려의 *도발을 더 이상은 봐줄 수가 없다! 지금의 기세를 몰아 고구려로 쳐들어가자.

내 직접 백제의 힘을 알리리라!

두 두 두 두 두

정말 고구려로 가는 거야?

그래. 평양성을 공격하러 가는 거야!

그럼 우리도 따라가야지!

넌 무섭지도 않냐?

* 복병 : 숨어 있는 군사.
* 도발 : 남을 집적거려 일이 일어나게 함.

▶ 평양성 : 평양의 주변을 둘러싼 성곽.
* 결판 : 이기고 짐에 대한 최후 판정을 내림.

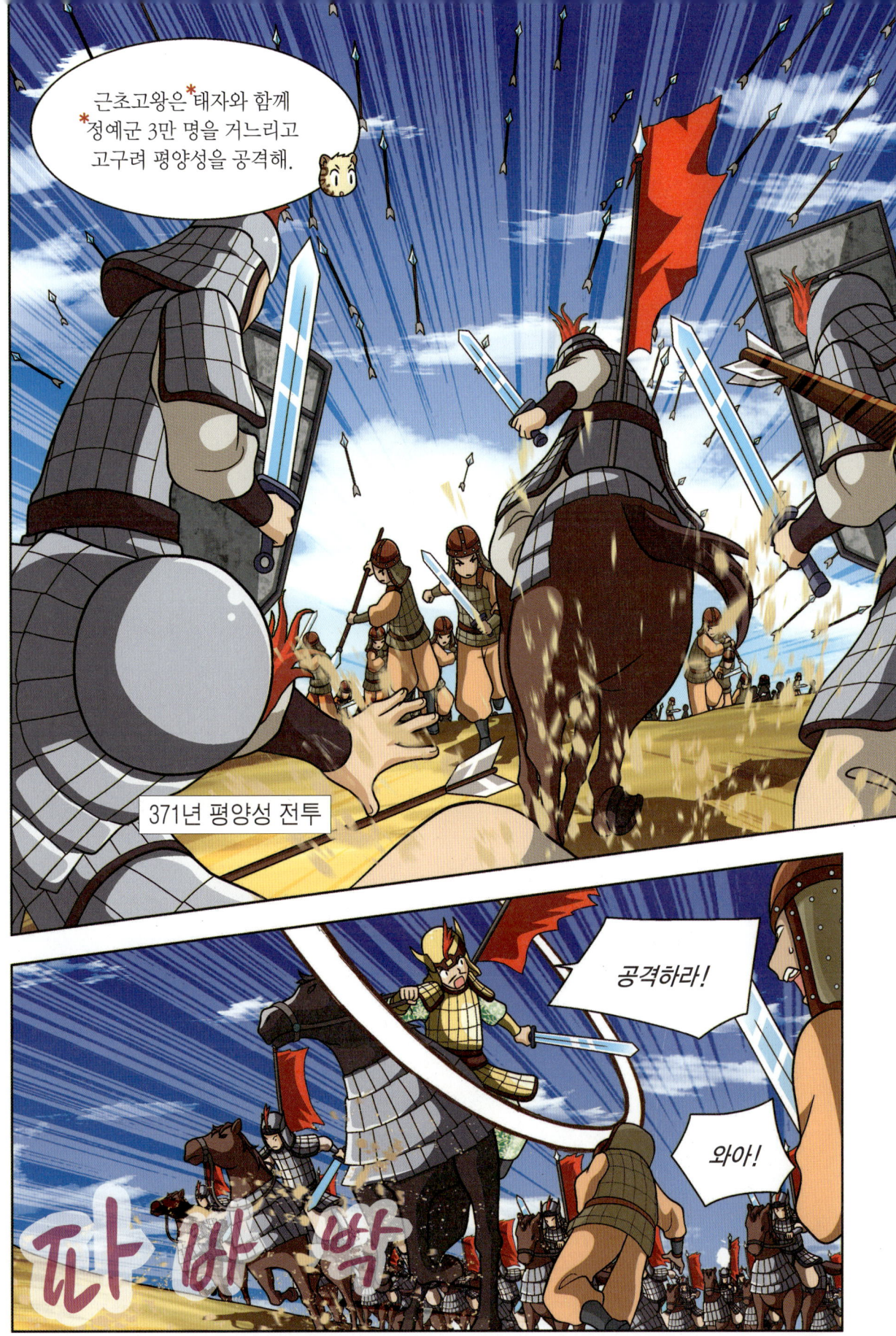

* 태자 : 임금의 자리를 이을 임금의 아들.
* 정예군 : 날래고 용맹스러운 군대 또는 군사.

고구려군의 수가 많사옵니다!

물러서지 마라!

*감히 누굴 속이려고!

적색 깃발*부대만 물리치면 고구려군은 무너질 것이다!

* **감히** : 말이나 행동이 주제넘게.
* **부대** : 일정한 규모로 편성된 군대 조직.

근초고왕의 군대는 왕의 지휘 아래 *일사불란하게 움직였어. 반면에 고구려군은 적색 깃발 부대를 제외하고는 *실력이 떨어졌어.

으윽! 백제가 이토록이나 강했다니!

파앙

딱

으악!

* 일사불란 : 질서가 정연하여 조금도 흐트러지지 아니함.
* 실력 : 실제로 갖추고 있는 힘이나 능력.

* **수모** : 창피를 당함.
* **함락** : 무너뜨림.

* 통제 : 일정한 법이나 목적에 따라 행위를 제한함.
* 해상권 : 바다 위에서 가지는 권력.

4세기는 백제의 전성기였다는데?

평양성에서 승리한 **371년**은 **근초고왕이 서해 해상권을 장악한 해**이다. 이로써 백제는 중국의 산둥 반도 지역과 왜의 큐슈 지방에 세력권을 두고 중국, 왜 등과 수시로 *교류하며 경제 및 문화를 발전시켰다. 이때가 백제의 최고 전성기였다.

근초고왕은 역시 백제 최고의 정복 군주시구나!

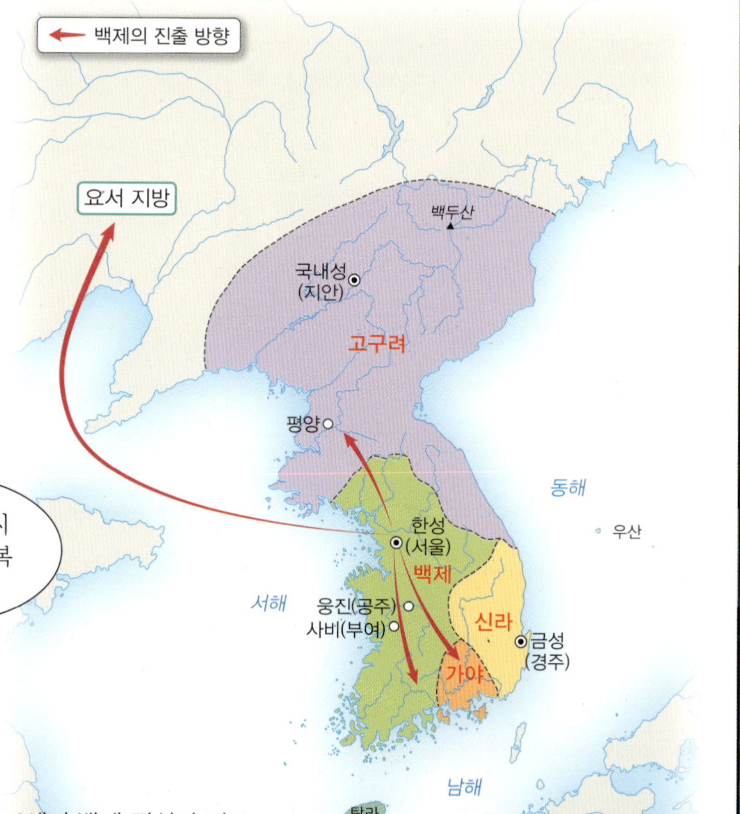

← 백제의 진출 방향

요서 지방

백두산
국내성(지안)
고구려
평양
동해
한성(서울)
백제
우산
웅진(공주)
사비(부여)
신라
금성(경주)
가야
서해
남해
탐라

▶ 4세기 백제 전성기 지도

근데, 고구려가 *당하고만 있진 않았을 것 같은데.

글쎄, 왕을 잃었는데 뭘 더 어쩌겠어?

아라 말대로 고구려는 복수를 준비했어.

그렇지!

떡도 신나겠다

40　＊교류 : 문화나 사상 따위가 서로 통함.
　　＊당하다 : 해를 입거나 놀림을 받다.

* 걸출 : 남보다 훨씬 뛰어남.
▶ 수곡성 : 지금의 황해도 신계군.

* **흉년** : 농작물이 예년에 비하여 잘되지 아니하여 굶주리게 된 해.
* **전성기** : 형세나 세력 따위가 한창 왕성한 시기.

* **발전** : 더 낮고 좋은 상태나 더 높은 단계로 나아감.
* **군사력** : 병력·군비·경제력 등과 같이 전쟁을 수행할 수 있는 능력.

한국사 핵심 노트

 3~4세기 백제 역사를 정리해 보자.

🟢 백제의 기틀을 다진 왕들

1) 고이왕(재위 234~286년) 시기

마한의 중심 세력인 목지국을 정복하였다. 260년에 율령(법률)을 반포하고 관리들의 복장 규정을 정했으며, 중국 서진에 사신을 파견하고 중국의 앞선 문물을 받아들였다.

2) 근초고왕(재위 346~375년) 시기

왕위의 부자 상속을 확립하였고, 고구려를 공격하여 고국원왕을 전사시켰으며 마한의 남은 세력을 모두 정복하였다. 중국 남조와 교류하여 앞선 문물을 받아들이는 한편, 중국 요서·산둥, 왜에 진출하였다. 또한, 역사서 〈서기〉를 편찬하였다.

나 근초고왕은 백제의 전성기를 이끌었지!

3) 침류왕(재위 384~385년) 시기

침류왕은 전진과 외교 관계를 맺고 백제를 압박하는 고구려에 대항하기 위해 중국의 동진과 교류하였다. 동진에서 건너온 승려 마라난타를 예우하였고 불교를 받아들여 백성들의 사상을 하나로 통합하였다. 북한산에 절을 짓고 10인의 승려를 공식적으로 인정하였다.

▲능허대
사신들이 중국 동진을 왕래할 때 출항하던 곳이다.

궁금해요! 3~4세기에 백제가 발전한 이유는 무엇일까?

전북 김제 지역에는 우리나라 최초의 인공 저수지인 벽골제가 있어. 벽골제는 근초고왕의 아버지인 비류왕 때 만들어졌어. 옛날에는 식량이 부족했기 때문에 농업 발달은 나라의 힘을 키우는 데 결정적인 역할을 했거든. 백제 역시 벽골제 축조를 비롯한 3~4세기의 농업 발달에 힘입어 눈부신 발전을 이룰 수 있었어.

▲김제 벽골제

백제의 첫 수도, 위례성

1) 풍납토성과 몽촌토성

백제의 첫 수도인 위례성은 지금의 서울 지역에 있었다. 한강 남쪽의 풍납토성과 몽촌토성이 백제의 도성이었을 것으로 추측되며, 약 700년 백제의 역사 중에서 약 500년 동안 백제의 수도로 번영을 누렸다. 풍납토성과 몽촌토성에서는 백제 시대의 유물이 대량 출토되었다. 또한, 대규모 공공건물 터와 연못, 도로 등 왕궁 터의 한 부분으로 보이는 구조가 드러났다.

▲풍납토성에서 발견된 초두
음식을 데우는 냄비.

▲풍납토성

▲몽촌토성

2) 초기 백제와 고구려의 관계

〈삼국사기〉에 따르면, 부여에서 나와 고구려를 세운 주몽의 아들인 비류와 온조가 각자 자기 세력을 데리고 남쪽으로 내려와 미추홀(인천)과 위례성(한성, 지금의 서울)에 자리를 잡았고, 나중에 비류 세력이 온조 세력에 합쳐졌다. 즉, 고구려와 백제는 모두 부여 왕족의 후손들이 세운 나라다. 백제 왕의 성은 부여씨(혹은 여씨)였고, 현재의 서울 송파 지역에 남아 있는 백제 초기의 계단식 돌무지무덤들은 크기와 구조 등이 고구려 초기의 무덤과 아주 비슷하다.

▲백제 돌무지무덤

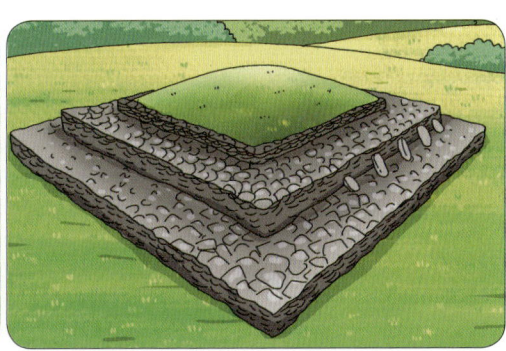
▲고구려 돌무지무덤

세계사 핵심 노트

3~4세기 백제가 발전할 무렵 세계사를 살펴보자.

페르시아 제국의 발전

1) 아케메네스 왕조 페르시아(기원전559~기원전330년)의 통일

'페르시아'는 이란 민족, 혹은 이란 민족이 건국한 나라를 가리키는 말이다. 기원전 7세기경 발달한 철제 무기로 무장한 아시리아가 서아시아 지역(메소포타미아에서 이집트에 이르는 지역)을 처음으로 통일하였다. 그러나 아시리아는 오래가지 않아 멸망하였고, 분열된 서아시아 지역을 다시 통일한 것이 아케메네스 왕조 페르시아다. 아케메네스 왕조 페르시아의 다리우스 1세(재위 기원전522~기원전486년)는 서아시아에서 이집트, 인더스강 유역에 이르는 거대한 제국을 건설하였다. 그러나 그리스와의 전쟁에서 패배하고 기원전 4세기 말 알렉산드로스의 침략을 받아 멸망하였다.

▲페르시아 제국의 다리우스 1세 무덤
궁전 유적인 페르세폴리스 인근에 있는 다리우스 1세 무덤이다.

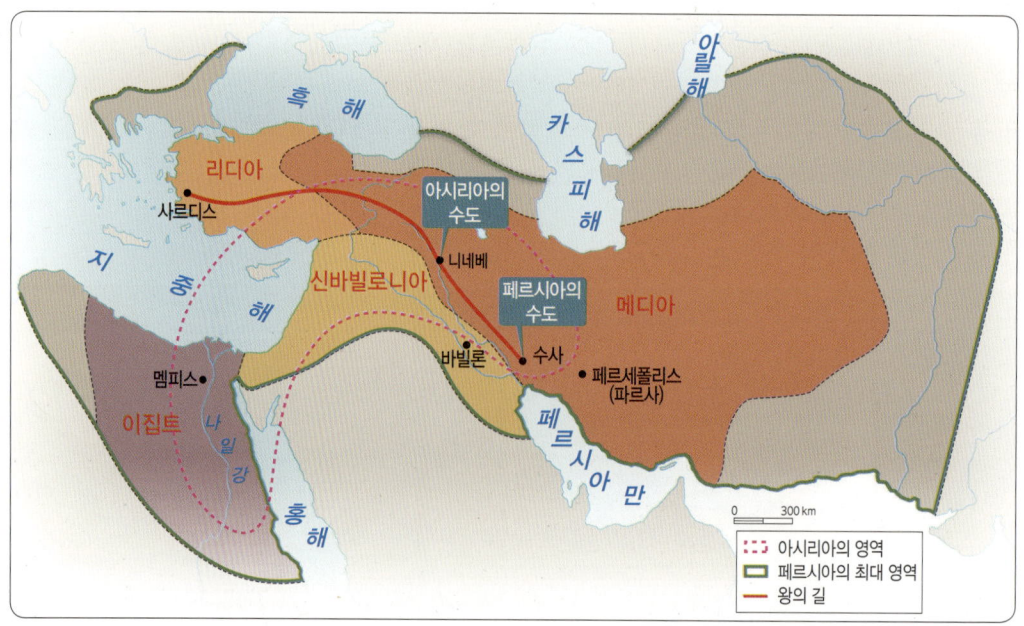

▲아시리아의 고대 서아시아 세계의 통일

46

2) 파르티아(기원전247~기원후226년) 건국

알렉산드로스가 분열된 뒤 이란 고원 동부 지역에서는 페르시아계 유목민이 파르티아를 세웠다. 파르티아는 페르시아어와 페르시아 문자를 사용하는 등 페르시아 제국의 전통을 계승하였으며, 중국의 한나라와 로마 제국, 인도를 연결하는 중계 무역을 했다.

3) 사산 왕조 페르시아(226~651년)의 번영

3세기 초 페르시아 제국의 부흥을 목표로 건국된 사산 왕조 페르시아는 메소포타미아에서 인더스강 유역에 이르는 넓은 영토를 지배하였으며, 동서 교역의 중심지로서 중계 무역을 통해 번영을 누렸다.

4) 조로아스터교와 마니교의 탄생

조로아스터교는 기원전 7세기경 창시되었다. 이 세상을 선(빛)의 신과 악(어둠)의 신의 대결 장소로 여기고, 선의 신을 믿는 세력이 천국으로 간다는 것을 주된 교리로 삼고 있다. 사산 왕조 페르시아 역시 조로아스터교를 국교로 삼았는데, 이때 조로아스터교에 불교와 크리스트교의 요소가 더해진 마니교가 성립하였다.

5) 국제적인 페르시아의 문화

페르시아인들은 ▶오리엔트 지역의 여러 문명을 통합하고 더욱 발전시켜 국제적인 문화를 이룩하였다. 특히 비단길을 이용하여 문물 교류를 활발히 하였는데, 페르시아에서 발달한 유리 공예는 한반도에 철기 문화와 함께 전해졌다.

▲중국 양직공도에 그려진 페르시아 사신의 모습

▶ 오리엔트 : 해가 뜨는 곳을 뜻함. 인도와 지중해 사이의 지역으로, 넓게는 동양, 아시아 전역을 포함함.

2장 350년경~450년경

아직기와 왕인은 어떻게 왜로 갔을까?

웬*마구간이지?

빨리 안 치우냐!

네?

칠지도를 보러 왔는데 시작부터 이러네.

말똥이나 치우는 신세라니.

푸르릉

온몸에 냄새가 배겠어

아무르는 또 어딜 간 거야.

▶ 왜 : 한국과 중국에서 일본을 가리키던 호칭. 일본이라는 국호는 7세기 중반부터 사용됨.
* 마구간 : 말을 기르는 곳.

* 여물 : 마소를 먹이기 위하여 말려서 썬 짚이나 마른 풀.
* 막노동 : 이것저것 가리지 아니하고 닥치는 대로 하는 노동.

* **온천** : 온천에서 목욕할 수 있게 설비가 된 장소.
* **사납다** : 성질이나 행동이 모질고 억세다.

* **무엄하다** : 삼가거나 어려워함이 없이 아주 무례하다.
* **행방** : 간 곳이나 방향.

* 친분 : 아주 가깝고 두터운 정분.
* 선물 : 남에게 선사하는 물건.

* 승마술 : 말을 타고 부리는 재주.
* 고삐 : 말이나 소를 몰거나 부리려고 코나 목에 잡아매는 줄.

* **이상** : 생각할 수 있는 범위 안에서 가장 완전하다고 여겨지는 상태.
* **정치** : 나라를 다스리는 일로, 국가의 권력을 획득하고 유지하며 행사하는 활동.

* 학식 : 배워서 얻은 지식.
* 경전 : 옛 성현들이 유교의 사상과 교리를 써 놓은 책.

톡톡! 역사
백제의 학문 수준은 어땠을까?

아직기가 왜에서 태자의 스승이 되었다는 사실은 백제가 왜에 비해 학문적인 수준이 높았다는 것을 의미한다. 백제는 학문을 비롯하여 도자기, 철기, 건축 등 다양한 문화를 왜에 전파하였다.

* **선진국** : 다른 나라보다 정치·경제·문화 따위의 발달이 앞선 나라.
* **함부로** : 조심하거나 깊이 생각하지 아니하고 마음 내키는 대로 마구.

* 진귀하다 : 보배롭고 보기 드물게 귀하다.
* 겸손 : 남을 존중하고 자기를 내세우지 않는 태도가 있음.

* 능통 : 사물의 이치에 훤히 통달할 정도로 아주 잘함.
* 학식 : 학문과 식견을 통틀어 이르는 말.

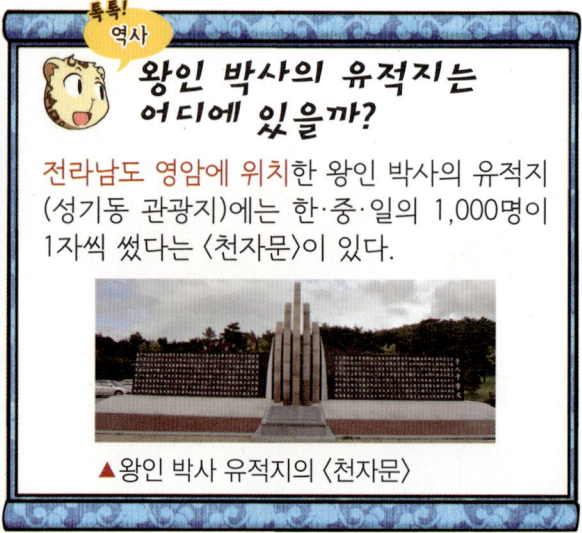

▲ 왕인 박사 유적지의 〈천자문〉

* 흔적 : 어떤 현상이나 실체가 없어졌거나 지나간 뒤에 남은 자국이나 자취.
* 문하생 : 스승 밑에서 배우는 제자.

* 침입자 : 침범하여 들어가거나 들어온 사람.
* 자객 : 사람을 몰래 죽이는 일을 전문으로 하는 사람.

▶ **이소노카미 신궁** : 나라현 덴리시에 위치한 신사로 칠지도를 보관하고 있음. 신궁은 일본의 죽은 왕이나 왕족의 시조를 모시는 제단을 말함.

▶ 아직기(알 수 없음) : 백제의 학자. 왕의 명령으로 말 두 필을 가지고 일본으로 건너가 왜왕에게 선물하고 말 기르는 일과 승마술을 전함.

▶ 논어 : 유교 경전인 사서의 하나로, 공자와 그의 제자들의 말과 행동을 적음.
* 추천 : 어떤 조건에 적합한 대상을 책임지고 소개함.

* **간곡히** : 간절하고 정성스러운 태도나 자세로.
* **길동무** : 길을 함께 가는 동무.

▶ 천자문 : 중국 양나라 주흥사가 지은 책. 모두 1,000자로 되어 있으며 한문 학습의 입문서로 사용됨.

▶ 왕인(알 수 없음) : 백제 근초고왕 때의 학자. 왜왕의 초청으로 〈천자문〉과 〈논어〉를 가지고 일본에 건너가 한문을 알리고, 태자의 스승이 됨.

▶ 난파진가 : 백제의 학자 왕인이 쓴 일본 최초의 시가.
* 당대 : 동시대.

고대 일본 불교의 지도자인 교기 스님 역시 왕인 박사의 후예로 알려졌어.

톡톡! 역사
도래인은 무슨 뜻일까?

일본 말로 '도라이진'이라 읽는 도래인은 '물을 건너온 사람'이란 뜻으로 한반도에서 왜로 건너온 사람을 말한다. 도래인 중에는 왕인 박사처럼 왜에 문명을 전해 주러 갔다가 터를 잡은 경우와, 고구려와 백제처럼 나라가 망하여 고향을 떠나 왜로 건너간 경우가 있다. 도래인은 선진 문물을 왜에 전파하였다.

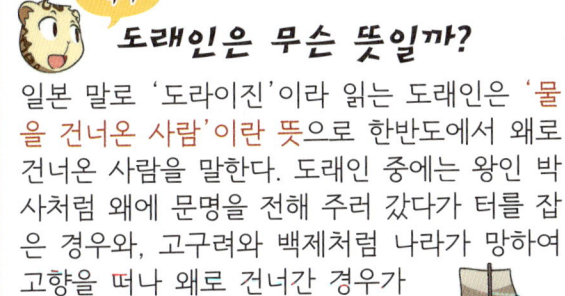

아직기 님과 왕인 박사님이

한자도 전하고 왜의 문화 발전을 도왔구나.

지금도 일본에서는 왕인 박사를 '학문의 *시조'로 받들고 있어.

톡톡! 역사
일본에 있는 왕인 박사의 흔적은?

왕인 박사의 흔적은 일본 곳곳에서 찾아볼 수 있다. 오사카 부 히라카타시에는 왕인 박사의 묘가 있고, 도쿄 우에노 공원 안에는 기념비가 있다.

▲ 왕인 박사의 묘

* 후예 : 후손.
* 시조 : 한 겨레나 가계의 맨 처음이 되는 조상.

▶ 이소노카미 신궁 : 야마토 지역의 오래된 신사로, 무기 창고에 칠지도가 보관되어 있음.
* 냅다 : 몹시 빠르고 세찬 모양.

* **무기고** : 무기를 넣어 두는 창고.
* **법도** : 법률과 제도를 아울러 이르는 말.

* **표범** : 고양잇과의 하나로 호랑이와 비슷하나 몸집이 조금 작고 민첩함.
* **틈** : 어떤 일을 하다가 생각 따위를 다른 데로 돌릴 수 있는 시간적인 여유.

* **실용성** : 실제로 쓸모가 있는 성질이나 특성.
* **장인** : 정성을 기울여 물건을 만드는 사람.

칠지도에는 사라진 13글자가 있다?

칠지도에 새겨진 61개의 글자 가운데 앞면의 8자와 뒷면의 5자는 지워져 확인할 수가 없다. 13글자를 어떻게 해석하느냐에 따라 한국과 일본의 입장이 매우 다르다. 한국은 근초고왕 시대에 근구수 태자를 통해 왜왕에게 하사했다고 해석하는 반면, 일본은 이와 반대로 백제의 왕이 왜왕에게 바쳤다고 해석한다. 하지만 칠지도가 만들어질 무렵엔 백제가 강한 힘을 가지고 왜보다 앞선 문화를 가졌던 때이다. 따라서 백제가 왜에 하사한 것으로 보는 것이 타당하다.

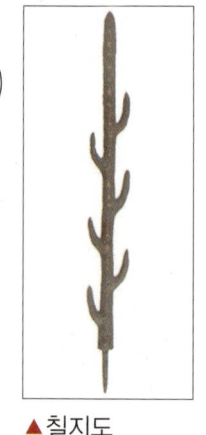

▲ 칠지도

* **단련하다** : 쇠붙이를 불에 달군 후 두드려서 단단하게 하다.
* **하사하다** : 임금이 신하에게, 또는 윗사람이 아랫사람에게 물건을 주다.

* 다방면 : 여러 방면.
* 전파 : 전하여 널리 퍼뜨림.

한국사 핵심 노트

4세기 백제의 선진 문물이 왜에 어떤 영향을 주었는지 정리해 보자.

🟢 왜를 발전시킨 백제의 사람들

1) 아직기
백제는 왜보다 선진 문물을 가지고 있었다. 그래서 백제에서는 학자나 기술자는 물론 각종 물자를 보내 왜의 발전을 도와 주었다. 아직기는 근초고왕의 명으로 말 두 필을 왜왕에게 선물하고 왜에 머물며 말을 돌보는 일을 하였다. 왜왕은 아직기의 뛰어난 유교 지식을 알고 그를 태자의 스승으로 삼기도 하였다.

2) 왕인
아직기에게 많은 도움을 받은 왜왕은 더 많은 학자를 보내 줄 것을 백제에 요청하였다. 이에 아직기가 왕인을 추천하였고, 왕인은 〈논어〉와 〈천자문〉 등을 가지고 왜로 가 태자의 스승이 되었다. 덕분에 한자를 널리 익히게 되었고, 왕인이 데리고 간 도자기와 철기 기술자들은 왜의 기술 발전에 도움을 주었다.

왜로 건너가 우리 백제의 뛰어난 기술을 알려 줍시다.

3) 단양이, 고안무
단양이와 고안무는 백제의 오경박사로, 무령왕 때 왜의 요청으로 파견되어 문화 전파에 공헌하였다.

4) 노리사치계
백제 성왕은 노리사치계라는 사람을 사신으로 왜에 파견하였는데, 그는 왜에 가면서 불상과 불교 경전을 가지고 가서 불교를 받아들일 것을 권하였다. 노리사치계를 통해 왜왕은 처음으로 불교를 받아들였다.

궁금해요! 백제는 인재를 어떻게 길러냈을까?

백제에서는 학문과 기술 등 각 분야에서 뛰어난 사람들에게 '박사'라는 이름을 붙여 주고 좋은 대우를 해 주었어. 그래서 유교 경전에 대해 잘 아는 사람은 오경박사, 의학에 뛰어난 사람은 의박사, 해와 달의 움직임을 관찰하여 날씨와 계절의 변화를 연구하는 사람들은 역박사라고 불렀어. 이들 박사는 백제의 인재들을 가르치는 일은 물론, 멀리 왜까지 건너가 학문을 전수해 주기도 했지.

왜에 전해진 백제 관음상

7세기 초 쇼토쿠 태자를 중심으로 발전했던 아스카 문화를 살펴보면 백제 문화의 영향을 많이 받았다. 특히, 지금의 나라현에 있는 호류사는 백제 양식으로 지어진 것으로 호류사 오층 목탑은 세계에서 가장 오래된 목탑으로 기록되고 있다. 그 밖에도 고구려의 담징이 그린 금당벽화와 백제 관음상 같은 대표적인 백제 시대의 유물이 많이 남아 있다. 특히 백제 관음상은 백제의 왕이 쇼토쿠 태자에게 보냈거나 왜로 건너간 백제인이 만든 것으로 추정된다.

▲백제 관음상

프랑스의 소설가 앙드레 말로는 "만약 일본 열도가 가라앉을 때 단 하나를 가지고 나갈 수 있다면 백제 관음상을 고르겠다."라고 했대.

완벽한 아름다움을 갖춘 것으로 유명하다는 말씀!

궁금해요! 백제의 기와는 어떤 특징이 있을까?

막새기와는 점토를 일정한 형태로 틀에서 뜬 다음 구워서 지붕을 덮는데 사용했는데, 즉 처마끝 기와의 한쪽 끝에 둥글게 모양을 낸 거야. 백제는 지리적으로 중국 남조와 가까워서 불교의 영향을 일찍 받아 처음부터 연꽃 무늬가 사용되었고 온화하고 유연한 문양이 유행하였어. 특히, 백제의 수막새 무늬는 호류사에서 출토된 막새기와 무늬가 똑같은데, 당시 백제에서 왜에 기와 제조법을 전해 주었다는 것을 알 수 있어.

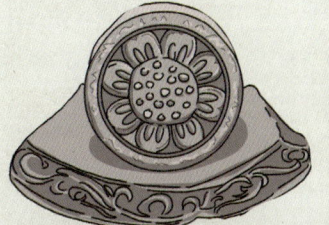 

▲호류사에서 출토된 막새기와(왼쪽)와 백제의 막새기와(오른쪽)

세계사 핵심 노트

4~6세기 세계사를 한 번 살펴보자.

⬠ 중국의 3대 석굴

1) 사막에 새겨진 불교 유적지, 둔황 석굴

석굴의 크기와 모양이 정말 다양하네!

▲둔황 석굴 전경

불교가 시작된 곳은 인도지만 웅장한 불교 유적지는 중국에 더 많이 있다. 그 중에 대표적인 유적지가 둔황 석굴이다. 실크로드의 거점 도시인 둔황의 사막에 있는 둔황 석굴은 4세기 중반 만들어지기 시작하여 약 1,000년에 걸쳐 완성되었다. 이 석굴 중에서 96호 석굴이 유명하다. 또한, 가장 뛰어난 328호 석굴의 불상은 흙으로 만든 뒤 붉은색과 녹색으로 색을 입혔다.

▲96호 둔황 석굴

▲328호 석굴의 불상

2) 거대한 야외 조각 박물관, 룽먼 석굴

494년 북위 왕 효문제의 명령으로 만들어지기 시작한 룽먼 석굴은 400년에 걸쳐 완성되었다. 룽먼 석굴은 길이가 1.6km에 이르고 크고 작은 석굴이 2,345개나 된다. 그 중에서 가장 안쪽 끝 깊숙한 곳에는 당나라 때 만들어진 '봉선사동'이라는 이름의 석굴이 있는데, 이곳의 불상들은 최대 크기가 17m에 달하면서도 아름답고 섬세하게 조각되어 중국 석굴의 걸작으로 꼽힌다.

▲봉선사동 대불의 모습

▲봉선사동의 사천왕상과 금강역사상

3) 중국에서 가장 큰 석굴, 윈강 석굴

중국 산시성 서쪽에는 동서로 1km에 이르는 길이의 윈강 석굴이 있다. 중국 북위의 승려인 탄야오가 다섯 명의 황제를 기리기 위해 만들었다고 전해지는 윈강 석굴에는 동쪽으로부터 순서대로 1~45호 굴까지 번호가 매겨져 있다. 이곳에 있는 252개 석굴과 51,000여 개 석상은 5~6세기 중국 불교 석굴 미술의 위엄을 보여 주고 있다.

▲윈강 석굴 대불

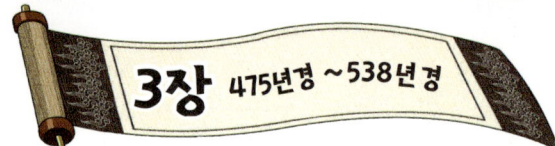

3장 475년경 ~ 538년경

무령왕은 백제를 어떻게 강국으로 만들었을까?

▶ **웅진** : 지금의 충청남도 공주 지역. 백제의 두 번째 수도로 고구려 장수왕에게 한강 유역과 수도 위례성을 빼앗긴 후 웅진으로 수도를 옮김.

* 죽 : 곡식을 오래 끓여 알갱이가 무르게 만든 음식.
* 얼른 : 시간을 끌지 않고 바로.

* **도성** : 임금이나 황제가 있던 도읍지가 성으로 이루어져 있었다는 데서, 서울을 이름.
▶ **한성** : 지금의 서울.

톡톡! 역사

웅진 시대는 언제일까?

백제가 수도를 한성(서울)에서 웅진(충청남도 공주)으로 옮긴 이후를 웅진 시대(475~538년)라고 한다. 웅진 시대 초기에 불안한 왕권과 귀족 간의 다툼으로 어려움을 겪지만, 이후에 곧 안정을 되찾았다.

---

* **계승** : 선임자의 뒤를 이어받음.
▶ **위례성** : 백제 초기 한성 시대의 도성.

* 의문사하다 : 과정이나 이유가 정확히 밝혀지지 않고 죽다.
* 터 : 집이나 건물을 지었거나 지을 자리.

특톡! 역사
무령왕은 어디에서 태어났을까?

〈삼국사기〉는 무령왕이 동성왕의 둘째 아들로 백제에서 태어났다고 전하지만, 〈일본서기〉는 개로왕의 부인이 일본으로 가던 중에 들른 일본의 작은 섬에서 태어났다고 전한다. 이처럼 무령왕의 탄생에 관해서 여러 이야기가 전해진다.

제 아버지가 누구일까요?

▶ **무령왕(재위 501~523년)** : 백제 25대 왕. 국방 체제를 정비하며 안정에 힘씀.
* **즉위** : 임금이 될 사람이 예식을 치른 뒤 임금의 자리에 오름.

톡톡! 역사

무령왕이 일본의 동굴에서 태어났다고?

일본의 가카라시마에는 무령왕이 태어났다고 전해지는 작은 동굴이 있다. 무령왕의 이름은 '사마'라고 하는데, 일본어로 섬을 뜻하는 '시마'가 '사마'로 변했다고 보고 있다. 하지만 이러한 탄생 설화는 무령왕이 개로왕의 직계 자식이라는 것을 알려 왕권의 정통성을 갖추는 데에 도움을 주기 위해 만들어진 것으로 보인다. 탄생지를 입증한 정확한 자료가 없어 추정할 뿐이다.

◀ 무령왕릉 내부

* **정박** : 배가 닻을 내리고 머무름.
* **설화** : 각 민족 사이에 전승되어 오는 신화, 전설, 민담 등을 통틀어 이름.

* **선왕** : 선대의 임금.
* **말년** : 일생의 마지막 무렵.

* **다독이다** : 남의 약한 점을 따뜻이 어루만져 감싸고 달래다.
* **체제** : 사회에서 그 조직이나 양식, 또는 그 상태를 이름.

* 점령 : 서로 전쟁을 하면서 적국의 영토에 들어가 그 지역을 지배함.
* 변경 : 나라의 경계가 되는 변두리의 땅.

▶ **말갈족** : 6~7세기경 만주 북동부와 한반도 북부에 거주한 민족. 각 시대에 따라 숙신, 읍루, 물길, 여진 등으로 다르게 불림.

* **구휼** : 사회적 또는 국가적 차원에서 재난을 당한 사람이나 빈민에게 금품을 주어 구제함.
* **한몫** : 한 사람이 맡은 역할.

* **헛소리** : 실속이 없고 미덥지 아니한 말.
* **대책** : 어떤 일에 대처할 계획이나 수단.

▶ 말갈 : 6~7세기경 한반도 북부와 만주 동북부 지역에 거주했던 종족.
* 모양 : 어떠한 형편이나 되어 나가는 꼴.

* **연연하다** : 집착하여 미련을 가지다.
* **따라다니다** : 남의 뒤를 쫓아서 다니다.

▶ 고목성 : 경기도 연천군 지역으로 추정함.
* 목책 : 말뚝을 박아 만든 울타리. 혹은 적의 침입을 막기 위하여 만든 성.

* 본때 : 본보기가 되거나 내세울 만한 것.
* 먹을거리 : 먹을 수 있거나 먹을 만한 음식 또는 식품.

* 인력 : 사람의 노동력.
* 개간 : 거친 땅이나 버려 둔 땅을 일구어 논밭이나 쓸모 있는 땅으로 만듦.

> **톡톡! 역사**
>
> ### 벽골제는 어떤 곳일까?
>
> 전라북도 김제시에 남아 있는 벽골제는 백제 시대의 저수지로 우리나라 최대의 고대 저수지로 알려져 있다.
>
>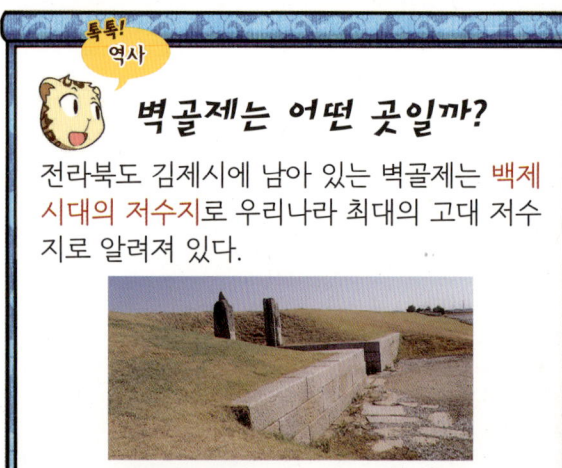
>
> ▲ 김제 벽골제

* **저수지** : 흐르는 물을 저장하여 물의 과다 또는 과소를 조절하는 인공 시설.
* **꿍꿍이** : 남에게 드러내 보이지 않고 속으로만 어떤 일을 꾸며 우물쭈물하는 속셈.

▶ 가불성 : 충북 괴산군 지역으로 추정함.
▶ 원산성 : 충북 음성군 지역으로 추정함.

* 말리다 : 다른 사람이 하고자 하는 어떤 행동을 못하게 방해하다.
* 들키다 : 숨기려던 것을 남이 알게 되다.

* **고약하다** : 성질, 말과 행동 따위가 사납다.
* **지원** : 지지하여 도움.

* 상대하다 : 서로 마주 대하다.
* 방심 : 마음을 다잡지 아니하고 풀어 놓아 버림.

* **섬멸** : 모조리 무찔러 멸망시킴.
* **진** : 군사들을 짜여진 대열로 배치하는 것.

* **사신** : 임금이나 국가의 명령을 받고 외국에 사절로 가는 신하.
* **긴밀** : 서로 관계가 매우 가까움.

* 위상 : 어떤 사물이 다른 것들과의 관계에서 가지는 위치.
* 작호 : 직위의 칭호.

▶ **단양이(알 수 없음)** : 백제의 학자. 왜의 초청으로 왜로 가서 유학을 가르침.
▶ **고안무(알 수 없음)** : 백제의 학자. 왜에 파견됨.

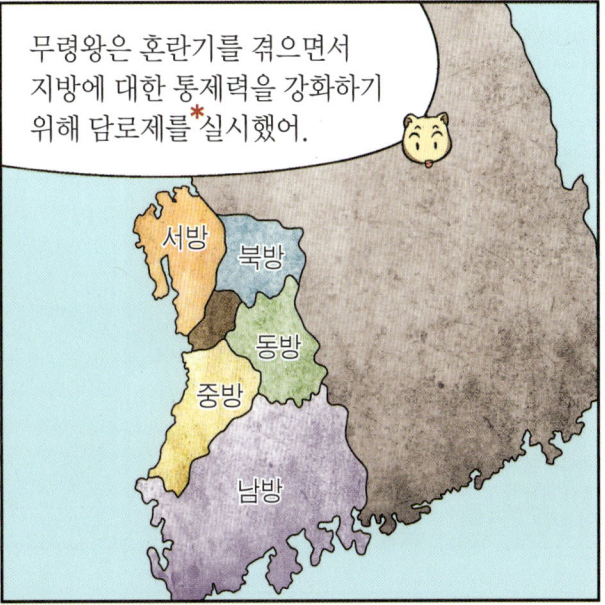

> **톡톡! 역사**
> ### 백제의 22담로란 무엇일까?
>
> 담로는 백제 왕실이 지방을 지배하는 근거지이자 그것을 중심으로 하는 일정한 통치 영역을 나타내는 것이다. 담로가 언제부터 설치되었는지는 논란이 많다. 근초고왕 때에 처음 실시한 것으로 보는 것이 일반적이며, 늦어도 무령왕 때에는 실시한 것으로 보고 있다. 22라는 숫자는 시대에 따라 변했을 것으로 추정된다.

* **실시** : 실제로 시행함.
* **행정** : 정치나 사무를 행함.

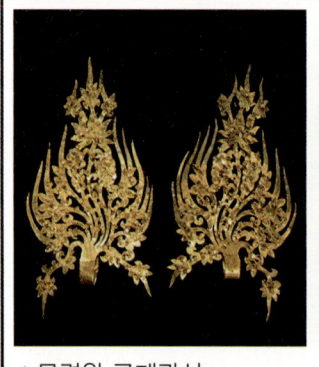

▲ 무령왕 금제관식　　▲ 무령왕 금귀걸이

▲ 무령왕릉 지석

* **도굴** : 역사적·문화적 유적을 법률의 허가를 받지 않고 불법으로 발굴하는 일.
* **연대** : 지나간 시간을 일정한 햇수로 나눈 것.

무령왕릉은 유물만이 아니라 무덤 자체도 특별한 의미를 지니고 있어.

백제, 중국, 왜의 무덤*양식이 혼합된 특이한 무덤이거든.

톡톡! 역사

무령왕릉은 어디에 있을까?

백제 25대 무령왕과 왕비의 무덤인 무령왕릉은 **충청남도 공주시 금성동 송산리 고분군 내**에 있다.

▲ 공주 송산리 고분군 내의 무령왕릉

톡톡! 역사

백제 무덤 양식은 어떻게 변해 갔을까?

▲ 돌무지무덤
구덩이를 파거나 구덩이 없이 시체 위에 돌무더기를 쌓아 놓은 무덤. 삼국 시대 초기에 많이 보인다.

▲ 굴식 돌방무덤
입구를 따라 들어가면 그 안에 돌로 된 방이 있는 무덤. 돌로 된 무덤을 흙으로 덮어 겉보기엔 흙으로 만든 무덤처럼 보인다.

원래 백제의 무덤인 돌무지무덤에서 점점 굴식 돌방무덤으로 변해 가.

그런데 무령왕릉은 벽돌을*아치형으로 쌓아 무덤방을 만든 벽돌무덤이야.

이러한 무덤은 중국 남쪽 지역에서 주로 만들던 것이거든.

양나라의 영향을 받았구나!

* 양식 : 시대나 부류에 따라 독특하게 지니는 형식.
* 아치 : 창이나 문 등에 걸쳐 놓거나 하는 곡선형 구조물.

무령왕릉은 어떻게 발굴되었을까?

충청남도 공주시에 남아 있는 무령왕릉은 배수로 공사를 하던 중 우연히 발견되었다. 백제의 문화는 고구려, 신라에 비해 상대적으로 빈약하다고 여겨졌는데, 무령왕릉을 통해 백제의 우수한 문화가 알려지게 되었다. 또한, 무령왕릉은 무덤의 주인공이 정확하게 밝혀진 몇 안 되는 무덤일 뿐만 아니라, *피장자가 백제의 훌륭한 군주라는 점에서 의의가 있다. 벽돌무덤이라는 중국 남조 계통의 무덤 형식과 중국제 도자기, 일본산 금송을 이용한 관재 등을 통해 당시 양(남조), 왜와 활발히 교류했음을 알 수 있다.

▲ 무령왕릉 내부

* **금송** : 사계절 내내 푸르고 바늘처럼 뾰족한 잎을 가짐. 일본에 많이 있음.
* **피장자** : 묘지에 묻힌 사람.

* **위상** : 어떤 사물이 다른 사물과의 관계 속에서 가지는 위치나 상태.
* **유력** : 세력이나 재산이 있음.

한국사 핵심 노트

5~6세기 백제 역사를 정리해 보자.

🟢 귀족들의 힘이 강력했던 웅진 시대의 백제

1) 웅진 시대의 시작

고구려 장수왕의 공격으로 한강을 빼앗기고 수도 위례성이 함락된 백제는 475년에 웅진(충남 공주시)으로 수도를 옮겼다. 웅진은 근처에 금강이 있어 방어에 매우 유리한 도시로, 당시 고구려에 쫓기던 백제가 수도로 삼기에 적합하였다. 이후 웅진은 동성왕에서 무령왕을 거쳐 성왕이 수도를 사비로 옮기는 538년까지 60년간 백제의 수도 역할을 하였다.

▲ 곰나루
충청남도 공주시 웅진동에 있는 금강의 나루터.

2) 문주왕(재위 475~477년) 시기

고구려 장수왕의 공격으로 개로왕이 죽고 위례성(한성)이 함락되자, 문주왕은 475년에 웅진으로 수도를 옮겼다. 이후 왕위에 오른 지 2년 만에 귀족들에 의해 암살당하였다.

▲ 공산성(웅진성) 성곽
백제 시대에는 웅진성이라 하였으나 고려 시대부터 공산성이라고 불렸다.

▲ 공산성 성벽
원래는 흙으로 쌓은 토성이었으나 조선 시대에 석성으로 다시 쌓았다.

3) 동성왕(재위 479~501년) 시기

사씨·연씨 등 충청도 지역 출신 귀족들을 등용하여 진씨·해씨 등의 한성 지방 출신의 기존 귀족들을 견제하고자 하였다. 493년에는 신라 왕족 이찬 비지의 딸과 혼인하여 신라와 혼인 동맹을 맺었고, 494년에 고구려의 공격으로 신라가 위기에 처하자 동성왕이 지원군을 보내 신라는 위기를 넘길 수 있었다.

▲ 공산성 연지
공산성 안에 있는 연못 터로 동성왕이 만든 것으로 전해지고 있다.

4) 무령왕(재위 501~523년) 시기

지방의 22담로에 왕족을 파견하여 귀족 세력을 견제하도록 하였다. 그러면서 백성들의 삶도 잘 보살폈던 왕이었다. 배고픈 백성들을 위해 창고를 개방하고 민생 안정과 국가 재정 확보를 위해 저수지를 짓고 수리 시설을 완비하는 등 백제를 안정시키려 힘썼다.

▲무령왕릉

🟢 무령왕릉

공주 금성동에는 웅진 시대 왕과 왕족들의 무덤 7기가 모여 있다. 그중 가장 나중에 발견된 것이 무령왕릉이다. 1971년 6호분 고분의 배수로 공사를 하던 중 발견되었는데, 함께 발견된 묘지석을 통해 무령왕과 왕비의 무덤임이 밝혀졌다. 벽돌을 아치형으로 쌓아 무덤방을 만든 벽돌무덤으로, 백제와 양나라, 왜의 기술까지 동원된 것으로 보인다. 이는 양나라와 친밀한 관계를 맺고 문물을 받아들였던 무령왕의 업적을 엿볼 수 있는 자료가 되고 있다.

▲무령왕릉 내부 모습

▲무령왕비 은팔찌
용 모양으로 장식되어 있으며, 안쪽에 제작자와 팔찌 주인이 누구인지 새겨져 있다.

▲무령왕릉 석수
나쁜 기운을 물리치고 무덤을 지키는 수호신.

세계사 핵심 노트

3~6세기 세계사를 함께 살펴보자.

⬠ 위·진·남북조 시대(220~589년)

삼국 시대의 위, 삼국을 통일한 진, 남조와 북조가 함께 존재했던 시기를 '위·진·남북조 시대'라고 불러.

누리야, 나 몰래 언제 공부했어?

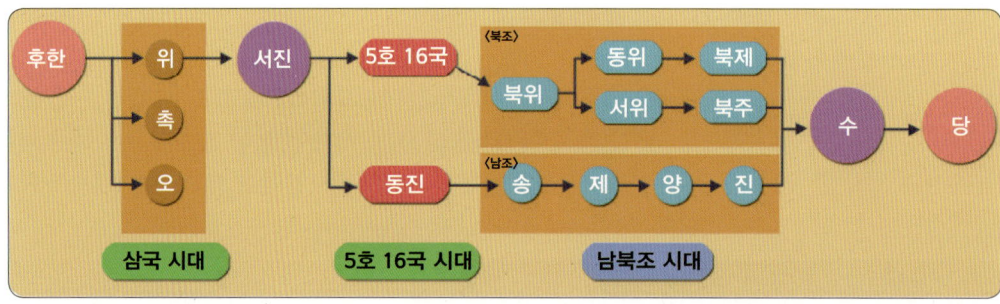
▲ 중국의 삼국 시대와 위·진·남북조 시대

1) 위·촉·오 삼국 시대

한나라가 멸망하고 중국은 위·촉·오 세 나라로 분열되었다. 유비·관우·장비를 주인공으로 다룬 소설 〈삼국지연의〉는 이 시기를 배경으로 한 것이다. 이들 세 나라 중 화북 지방에 자리 잡고 있던 위나라가 가장 강력하였고, 위의 뒤를 이은 진이 중국을 다시 통일하였다.

관우 장군님, 멋있으세요!

▲ 중국 산둥에 있는 관우상

114

2) 남북조 시대

진이 남쪽으로 쫓겨 내려간 뒤 화북 지방에서는 유목 민족들이 세운 나라들이 생겼다가 없어지기를 반복하였다. 이때 흉노·선비·갈·저·강의 다섯 민족과 한족이 16개가 넘는 나라를 세워 5호 16국 시대라고 한다. 이 나라들은 북위에 의해 통일되었고, 이 지역에 성립된 나라들을 북조라고 부른다. 한편 남쪽에서는 화북 지역에서 이동해 간 동진의 뒤를 이어 한족이 세운 여러 나라가 생기고 없어지기를 반복하였는데, 이를 남조라고 한다.

흑~ 복잡해. 다시 한 번 읽어야겠어.

3) 남북조 시대의 문화

남북조 시대에는 정치가 혼란하여 현실에서 벗어나고자 하는 분위기가 생겨났다. 이로 인해 노장 사상과 청담 사상이 유행하였다. 그리고 노장 사상과 민간 신앙이 합쳐져 도교가 성립하였다. 이 사상은 우리나라에도 전해져 삼국 시대의 사상과 문화에 영향을 미쳤다. 백제의 도교 문화를 엿볼 수 있는 문화재로는 백제 금동 대향로, 산수 무늬 벽돌 등이 있다.

▲ 죽림칠현
위·진·남북조 시대에 세속에서 벗어나 자연 속에서의 생활을 즐긴 7명의 선비이다.

▲ 백제 금동 대향로

▲ 산 경치 봉황 무늬 벽돌

▶ **노장 사상** : 노자와 장자의 사상으로, 사람의 힘을 더하지 않은 그대로의 자연을 도덕의 표준으로 함.

4장 538년경~660년경

성왕은 왜 사비로 수도를 옮겼을까?

538년 사비성

빨리빨리 못 오냐!

예예, 가고 있어요.

대체 이게 무슨 *공사야?

이 모습은 *마치···.

* 공사 : 토목이나 건축 따위의 일.
* 마치 : 거의 비슷하게.

▶ 성왕(재위 523~554년) : 백제 26대 왕. 538년에 사비로 수도를 옮기고, 국호를 남부여라고 함.

* **방어선** : 적의 공격을 막기 위하여 진을 쳐 놓은 곳.
* **도읍지** : 한 나라의 서울로 삼은 곳. 도읍과 수도는 같은 의미임.

▲사비성(부여 부소산성)
백제가 멸망할 때까지 123년 동안 백제의 도읍이었다.

▶백마강 : 충청남도 부여 부근을 흐르는 금강의 명칭.
* 천도 : 수도를 옮김.

사비성은 어떤 도시였을까?

▲ 사비성 복원 모습

지금의 충남 부여에 자리했던 사비성은 계획도시였다. 도시의 방어와 경계를 위해 외성을 갖추었으며 신분에 따라 주거 지역과 도로, 배수로 등을 치밀하게 배치한 것이다. 사비성을 건설할 당시 부여의 50% 이상이 습지였는데, 이 같은 결점을 역이용하여 농수 확보와 홍수 조절을 위한 대형 연못을 만들기도 했다.

▶ **사비성** : 538년, 백제 성왕 16년에 웅진에서 천도한 백제의 수도.
* **거들다** : 남이 하는 일을 함께 하면서 돕다.

▶ 남부여 : 538년, 성왕 16년부터 멸망 때까지 백제의 국호. 도읍을 웅진에서 사비로 옮기고 백제를 발전시키고자 하는 의도로 부른 이름.

* **배은망덕하다** : 남에게 입은 은혜를 저버리고 배신하다.
* **차원** : 어떤 생각이나 의견 따위를 이루는 배움의 수준.

고구려와 백제는 뿌리가 같은 나라였을까?

고구려와 백제의 초기 고분 양식은 계단식으로 돌을 쌓아올린 계단식 돌무지무덤으로 같은 양식을 사용했다. 무덤의 양식이 같다는 것은 두 국가가 같은 문화권이었다는 것을 의미한다. 이는 상대적으로 건국이 늦은 백제가 고구려의 유이민, 즉 주몽의 아들인 온조와 비류에 의해 세워졌다는 것을 *입증하는 사실들 중 하나이다.

▲고구려 장군총

▲백제 석촌동 고분

그런데 494년에 고구려는 부여를 멸망시켰어.

부여도 고구려 땅!

이에 백제는 스스로 부여족을 *계승했음을 분명히 했어.

부여의 혼은 우리 백제가 계승한다!

국호를 일시적으로 '남부여'로 바꾸어 정통성을 확보하려고 한 거야.

성왕은 통치 체제를 정비하기도 했어.

어떻게 바꾸셨는데?

* 입증 : 어떤 증거를 내세워 증명함.
* 계승 : 조상의 전통이나 문화유산 등을 물려받아 이어 나감.

* 정비 : 흐트러진 체계를 정리하여 제대로 갖춤.
* 기반 : 기초가 되는 바탕.

* **수상** : 상을 받음.
* **계획** : 앞으로 할 일의 절차, 방법, 규모 따위를 미리 헤아려 작정함.

* 숙원 : 오래전부터 품어 온 소망.
* 이만 : 이 정도로 하고.

* 왕래 : 가고 오고 함.
* 급증 : 갑자기 늘어남.

128 ▶남조 : 중국에서, 동진이 망한 후 420년부터 589년까지 남쪽에 한족이 세운 송, 제, 양, 진 네 나라.

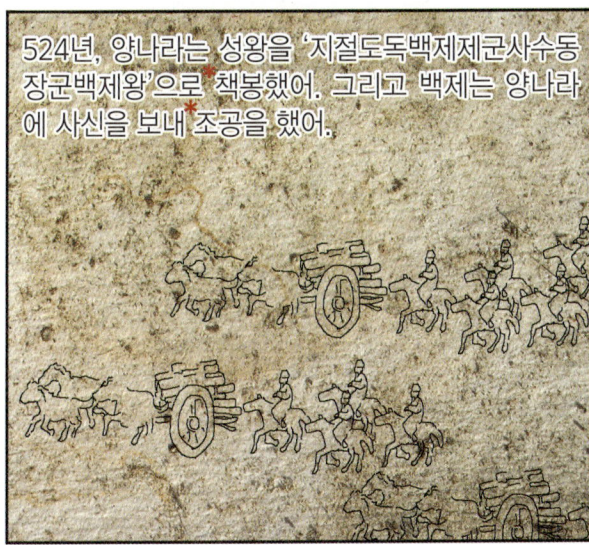

* **책봉**: 중국에서 사신을 보내 임금을 인정하는 것.
* **조공**: 독립국이지만 대외적으로 지배를 받는 나라에 예물을 바치던 일.

양나라의 지원 덕분에 백제의 문화는 크게 발전할 수 있었어.

잘 지어졌구나.

이후 성왕은 552년에 ▶노리사치계를 왜에 보내 불교를*전파하는 등 왜에 선진 문물을 전수해 줘.

양나라에서 전수 받은 문화를 다시 왜에 전파한 거네.

그러니까 양나라에서 보주 조각을 찾을 확률이 높아.

아무르 말이 맞긴 한 것 같아.

자, 알았으면 서둘러 가자고.

히잉, 망했다.

▶**노리사치계(알 수 없음)** : 성왕의 사신으로 왜에 건너가 처음으로 불교를 전함.
* **전파** : 전하여 널리 퍼뜨림.

▶ **후경(503~552년)** : 중국 남조 시대 양나라의 장군. 처음에 북위에서 벼슬을 하였으나 양나라의 무제에게 항복하였으며, 후에 반역하여 스스로 한제라고 칭하다가 왕승변에게 패함.

* **원통** : 분하고 억울함.
* **망하다** : 제 구실을 하지 못하고 끝장이 나다.

* **사신** : 임금이나 국가의 명령을 받고 외국에 사절로 가는 신하.
* **도망가다** : 피하거나 쫓기어 달아나다.

톡톡! 역사

중국에서 붙잡힌 백제의 사신은 어떻게 되었을까?

후경이 난을 일으켜 양나라가 멸망하지만 백제의 사신은 중국에 도착해서야 이 사실을 알게 되었다. 슬프게 울던 사신은 후경에게 붙잡혔고, 3년이 지나 후경의 반란이 *평정되고 나서야 귀국할 수 있었다.

백제와 양나라는 아주 돈독했다고!

134
* **역적** : 자기 나라나 민족, 나라를 다스리는 자를 배반한 사람.
* **평정** : 평안하고 고요함.

* 주안상 : 술과 안주를 차려 놓은 상.
* 분하다 : 억울한 일을 당하여 화나고 원통하다.

▶ 안장왕(재위 519~531년) : 고구려 22대 왕. 중국과 활발히 외교함.
▶ 연모(알 수 없음) : 백제 대신. 군사를 이끌고 고구려군과 싸웠으나 크게 패함.

▶ 우산성 : 충청남도 청양군 청양읍에 있는 성곽.
▶ 독산성 : 경기도 오산시 지곶동에 있는 산성.

***동맹** : 둘 이상의 개인이나 단체, 또는 국가가 서로의 이익이나 목적을 위하여 동일하게 행동하기로 맹세하여 맺는 약속이나 단체.

* **상류** : 강이나 내의 발원지에 가까운 부분.
* **서리다** : 어떤 생각이 마음속 깊이 자리 잡아 간직되다.

* **설득** : 상대편이 이쪽 편의 이야기를 따르도록 여러 가지로 깨우쳐 말함.
* **밀약** : 남몰래 약속함.

* **극악무도** : 더할 나위 없이 악하고 도리에 완전히 어긋나 있음.
* **수복** : 잃었던 땅이나 권리 따위를 되찾음.

한강으로 진격하던 백제와 이를 막으려던 신라는 관산성에서 맞닥뜨렸어.

554년

처음엔 백제가 우세했지만

신라군
백제군
이놈!
깨갱

점차 신라에게 밀리기 시작했어.

칼 줘!
으윽.

백제군과 신라군은 지금도 관산성에서 대치 중이야.

배신을 당했으니 성왕께서 화가 날 만도 하시네.

화가 난 성왕은 결국…

내가 직접 가서 태자를 도와 신라를 *처단하리라!

* 우세 : 상대편보다 힘이나 세력이 강함.
* 처단 : 결단을 내려 처치하거나 처분함.

* **미니** : mini. 소형을 말함.
* **지나가다** : 한 곳에서 다른 곳으로 장소를 이동하다.

* 포상 : 칭찬하고 장려하여 상을 줌.
* 매복 : 상대편의 움직임을 살피거나 갑자기 공격하려고 일정한 곳에 몰래 숨어 있음.

* 목숨 : 사람이나 동물이 숨을 쉬며 살아 있는 힘.
* 웬 : 어찌 된.

* 습격 : 갑자기 상대편을 덮쳐 침.
* 전사 : 전쟁터에서 적과 싸우다 죽음.

한국사 핵심 노트

6~7세기 백제 역사를 정리해 보자.

🟢 마지막 수도인 사비 시대의 백제

1) 성왕(재위 523~554년) 시기

웅진보다 넓고 교통이 편리한 사비로 수도를 옮겼으며, 나라 이름을 '남부여'로 바꾸고 쇠퇴하는 백제를 다시 일으켜 세우려 노력하였다. 중앙 관청과 지방 행정 조직을 정비하였고, 중국 남조와의 교류를 확대하였다. 한강 유역을 일시적으로 회복하였으나 554년에 관산성 전투에서 전사하였다.

▲백제의 수도 변천 과정

2) 무왕(재위 600~641년) 시기

중국의 수나라·당나라와 교류하며 고구려를 견제하였다. 무왕 시대에 창건한 미륵사는 전북 익산 지역에 있었던 절로 지금은 절터와 기둥 등만 남아 있다. 미륵사는 무왕의 어릴 때 이름인 서동과 선화 공주의 설화가 깃든 곳이기도 하다.

▲익산 미륵사지의 모습

 궁금해요! '서동 이야기'란 무엇일까?

일연 스님이 지은 〈삼국유사〉에는 서동과 관련된 설화가 있어. 서동은 마를 캐어 생계를 유지한다고 해서 서동이라고 불렸어. 서동은 신라 진평왕의 셋째 딸인 선화 공주가 아름답다는 소문을 듣고 신라로 가서, 선화 공주가 밤마다 남몰래 서동과 어울린다는 노래를 만들어 아이들 사이에 퍼뜨렸지. 이 소문으로 인해 선화 공주가 궁궐에서 쫓겨나자 서동은 그녀를 데리고 백제로 와서 결혼했다는 이야기야.

3) 의자왕(재위 641~660년) 시기

　초기에는 신라의 여러 성을 빼앗았으며 고구려와 연합하여 신라의 당항성을 공격하기도 하는 등 성군의 모습을 보였다. 그러나 거듭된 승리로 점점 유흥에 빠져들었다. 이후 660년에 나·당연합군의 공격으로 백제가 멸망하였다.

▲ 부소산 낙화암
의자왕 때 나·당연합군이 쳐들어와 삼천 궁녀가 몸을 던졌다고 전해지는 곳이다.

정사암 회의

　백제에서는 귀족들이 정사암이라는 바위에 모여 정치 회의를 하고 재상을 뽑았다. 〈삼국유사〉의 기록을 보면, 국가에서 재상을 선정할 때 후보 3~4명의 이름을 적어 넣은 봉투를 정사암 위에 두었다가 얼마 뒤에 확인하여 이름 위에 표시가 되어 있는 사람을 재상으로 삼았다고 한다.

▲ 정사암으로 추정되는 천정대

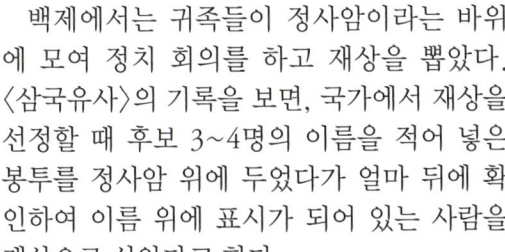
▲ 부여 궁남지
사비성 남쪽에 만든 인공 연못으로, 백제 왕들이 연회를 열고 뱃놀이를 즐기던 곳이다.

▲ 정림사지 오층 석탑
부여 정림사 터에 세워져 있는 석탑.

보주 조각을 찾기 위해 더 힘을 내자!

세계사 핵심 노트

6~7세기 세계사를 살펴보자.

⬠ 로마의 발전

1) 로마*공화정의 시작

로마 초기에는 왕이 통치하였으나 기원전 6세기 말부터 공화정이 시작되었다. 공화정 초기에는 귀족들이 권력을 독점하고 평민들을 지배하였다. 왕 대신 임기 1년의 집정관 2명이 선출되어 정치를 담당하였는데, 시민이라면 누구나 집정관이 될 수 있는 자격이 있었으나 실제로는 귀족만 선출되었다. 그리고 귀족 출신 전직 고위 관리들로 구성된 원로원이 최고 결정 기구 역할을 담당하였다.

▲ 로마의 포로 로마노
정치와 종교의 중심지로서 로마 시민들이 모여서 자유롭게 연설, 토론 등을 하였다.

로마에 가면 로마법을 따르라!

2) 호민관 제도의 성립

16세부터 65세의 모든 시민은 군복무의 의무가 있었고, 이들은 시민군을 형성하였다. 정복 전쟁 과정에서 세력을 키운 시민군은 귀족들이 권력을 독점하자 평민들의 정치 참여 확대를 요구하였다. 이에 귀족들은 한발 양보하여 평민회 설립과 평민들의 이익을 대변할 호민관 선출을 허용하였다.

12표법 등 여러 차례의 법 개정으로 평민들은 귀족들과 동등한 권리를 갖게 되었지.

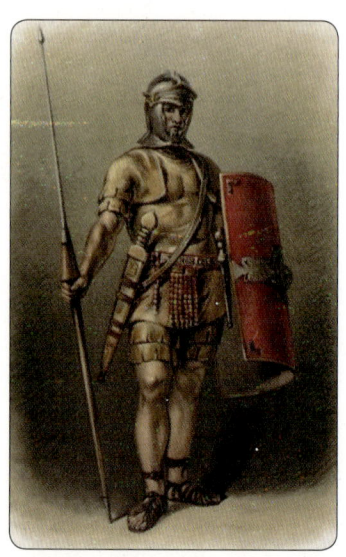

▲ 로마의 군인

---

*공화정: 여러 명의 최고 권력자가 다스리는 정치 방법.

3) 군인 정치 시대

로마는 기원전 3세기에 이탈리아 반도를 통일하고 카르타고와의 포에니 전쟁에서 승리하여 서지중해를 장악하였다. 그러나 정복 전쟁 승리에서 얻어진 물자들은 부유층에게만 돌아갔고, 이들은 대농장을 경작하였다. 이로 인해 많은 농민들이 몰락하였고 로마의 군대 역시 약화되었다. 그러자 그라쿠스 형제가 개혁을 실시하고자 하였으나 실패하였다.

▲이탈리아 로마의 카이사르 동상

4) 제정 시대와 로마의 평화

안토니우스와의 경쟁에서 승리하고 정권을 잡은 옥타비아누스는 원로원에 많은 권한을 넘겨줘 원로원으로부터 아우구스투스(존엄한 자)라는 칭호를 얻었다. 또한, 군사권과 재정권 등 주요 권한을 장악하여 황제와 다름없는 강력한 권력을 구축하였다. 이때부터를 '제정 시대'라고 부른다. 또 옥타비아누스를 시작으로 네로·안토니누스 피우스·마르쿠스 아우렐리우스 등의 다섯 황제가 '팍스 로마나' 시대를 열었다.

▲로마 황제 아우구스투스
아우구스투스 이후 로마는 200년간 평화를 누리면서 발전을 하게 된다.

5장 641년경~660년경

계백 장군과 의자왕은 백제를 지키기 위해 무엇을 했을까?

152 ▶성충(?~656년) : 백제 의자왕 때의 충신. 감옥에서 외적의 침입을 예언함.
* 술판 : 술자리가 벌어진 자리.

* **간언** : 웃어른이나 임금에게 옳지 못하거나 잘못된 일을 고치도록 하는 말.
* **어르신** : 어른을 높여 이르는 말.

▶ 의자왕(재위 641~660년) : 백제 31대 왕이자 마지막 왕.
▶ 증자(기원전506~기원전436년) : 공자의 제자 중 한 사람으로, 부모에게 극진히 효도함.

즉위한 다음 해인 642년에는 직접 병사를 이끌고 신라를 공격했어. 그 결과 미후성을 포함한 40여 개의 성을 함락했지.

642년

백제군은 나를 따르라!

곧이어 윤충 장군에게 군사 1만여 명을 주어 ▶대야성을 *함락시키게 했어.

우리 백제군의 힘을 보여 주자!

의자왕은 윤충 장군의 공로를 칭찬하며 말 20필과 곡식 1천 섬을 주었어.

수고하셨소.

맡은 일을 했을 뿐입니다.

사양치 마시오.

▶ **대야성** : 경남 합천군 남부 지방에 있던 신라 때의 성.
* **함락** : 적의 성, 요새 등을 공격하여 무너뜨림.

▶당항성 : 경기도 화성시 서산면 상안리 구봉산 위에 있는 삼국 시대의 돌로 쌓은 산성.
*고립 : 다른 사람과 사귀지 않거나 도움을 받지 못하여 외톨이가 됨.

* 습격 : 상대편을 갑자기 덮침.
▶ 말갈족 : 6~7세기경 중국 수·당 시대에 만주 북동부와 한반도 북부에 거주한 민족.

* **자만** : 자신이나 자신과 관련 있는 것을 스스로 자랑하며 뽐냄.
* **대적** : 서로 맞서 겨루는 적.

▶ 흥수(알 수 없음) : 백제 의자왕 때의 대신. 성충과 함께 사치와 유흥에 빠져 가는 의자왕에게 고치도록 말하다가 귀양을 감.

* **무엄하다** : 삼가거나 어려워함이 없이 아주 무례하다.
* **능멸** : 업신여기어 깔봄.

* **귀양** : 죄인을 먼 시골이나 섬으로 보내어 일정한 기간 동안 제한된 곳에서만 살게 한 벌.
* **야위다** : 몸의 살이 빠져 조금 파리하게 되다.

* **바로잡다** : 그릇된 일을 바르게 만들거나 잘못된 것을 올바르게 고치다.
* **부탁** : 어떤 일을 해 달라고 청하거나 맡김.

톡톡! 역사

성충이 감옥에서 쓴 글은 어떤 내용일까?

"충신은 죽어도 임금을 잊지 않는 것이니 한 말씀 아뢰고 죽겠습니다. 앞으로 전쟁이 일어날 것입니다. 만일 다른 나라 병사가 오면 육로로는 탄현에서 막고, 수군은 기벌포의 언덕에서 싸우면 능히 막을 수 있을 것입니다." 성충이 옥에서 죽어가며 남긴 글이었지만 의자왕은 이를 살펴보지 않았다.

* **망발** : 망령이나 실수로 그릇된 말이나 행동을 함.
* **한문** : 한자(漢字)만으로 쓰인 문장.

* 거들떠보다 : 알은체를 하거나 관심 있게 보다.
* 빠듯하다 : 어떤 한도에 차거나 꼭 맞아서 빈틈이 없다.

* 자네 : 듣는 이가 친구나 아랫사람인 경우, 그 사람을 높여 이르는 이인칭 대명사.
* 18척 : 약 5.5m. 척은 길이의 단위로 약 30.3cm임.

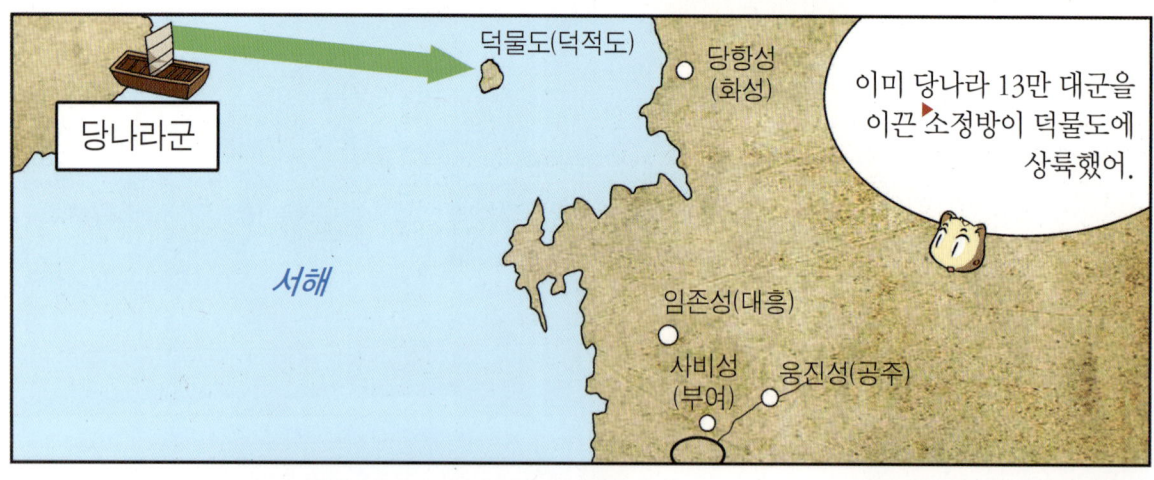

▶ 소정방(592~667년) : 중국 당나라의 장군. 660년에 나·당연합군의 우두머리로서 13만의 당나라군을 거느리고 백제의 사비성을 함락하고, 의자왕과 태자 융을 잡음.

* 합류 : 일정한 목적을 위하여 다른 나라와 하나로 합쳐 행동을 같이함.
* 급습 : 갑자기 공격함.

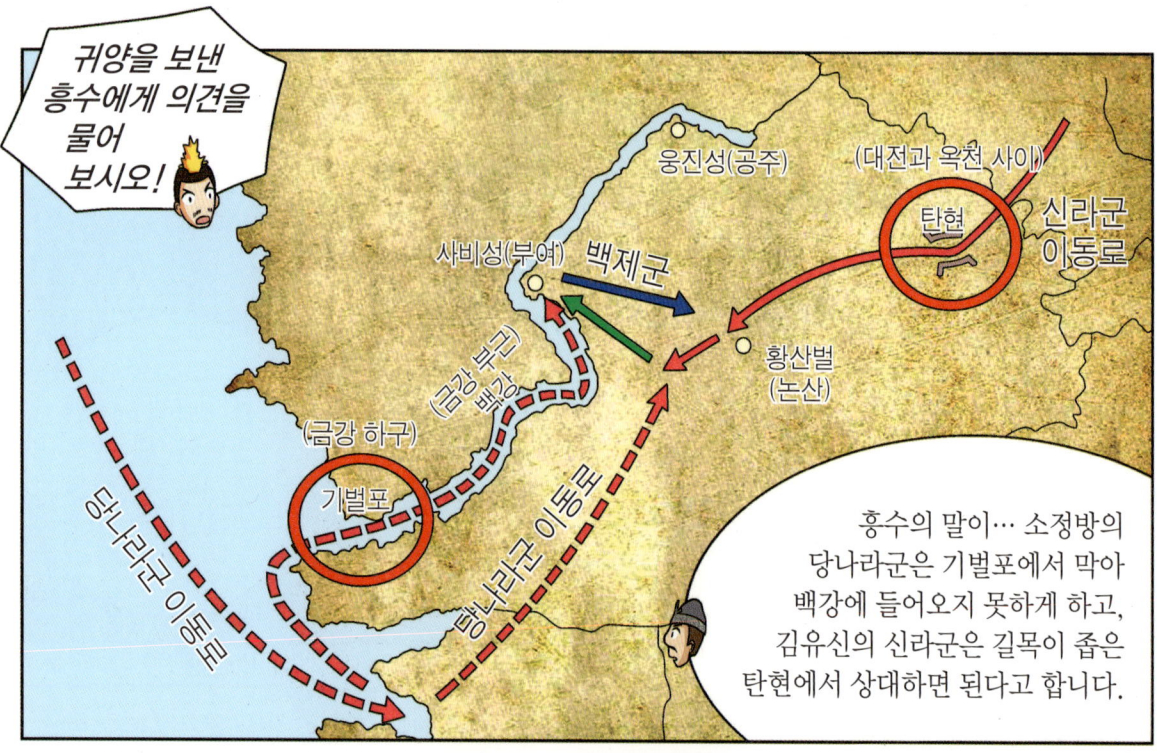

* **군량** : 군대의 양식.
* **현명** : 어질고 슬기로워 사리에 밝음.

* **옥중** : 감옥의 안.
* **상황** : 일이 되어 가는 과정이나 형편.

660년 황산벌

계백 장군님을 만나야 해요!

장군님이 그렇게 *한가하신 분인 줄 알아?

무슨 소란이냐?

웬 놈들이 장군님을 만나게 해달라고 밤새 소란을 떨지 뭡니까.

장군님!

나를 보자고 한 이유가 무엇이냐?

신라군은 탄현에서 막으셔야 해요!

당나라군은 기벌포에서 막고요!

그것을 어찌 아느냐?

나 역시 너희들과 같은 생각이다!

하지만 이미 늦었어.

▶ 황산벌 : 660년에 백제와 신라가 전투를 벌였던 논산시 연산면 신양리 일대의 벌판.
* 한가하다 : 겨를이 생겨 여유가 있다.

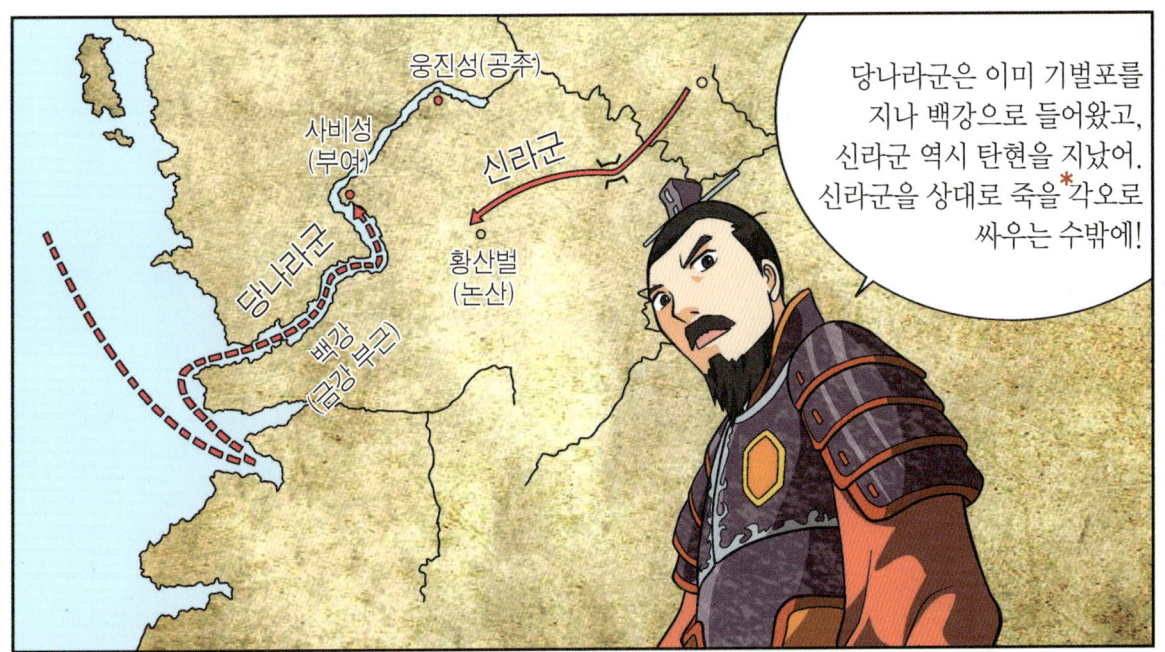

* 각오 : 앞으로 해야 할 일이나 겪을 일에 대한 마음의 준비.
* 대군 : 병사의 수가 많은 군대.

* 필사 : 죽을 힘을 다함.
* 떠나다 : 있던 곳에서 다른 곳으로 옮기다.

* 처자 : 아내와 자식.
* 결사대 : 죽기를 각오한 사람으로 이루어진 부대나 무리.

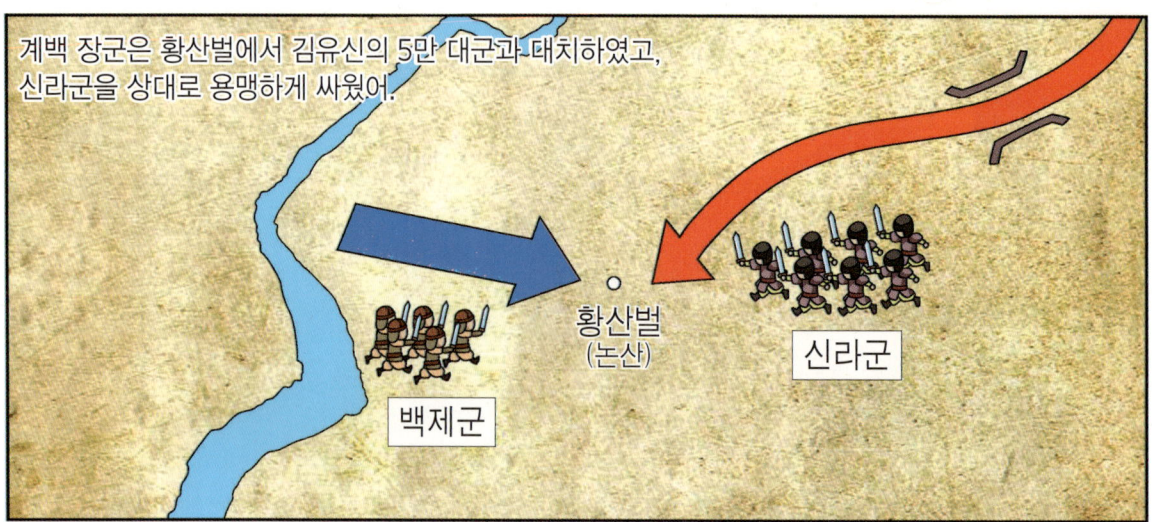

* 격파 : 어떠한 세력이나 함선, 비행기 따위를 공격하여 무찌름.
* 명장 : 이름난 장수.

▶ 반굴(?~660년) : 신라 화랑. 황산벌 싸움에 나가 싸우다가 죽음.
▶ 관창(645~660년) : 신라 화랑. 황산벌 싸움에서 죽음. 반굴과 함께 신라군의 사기를 높임.

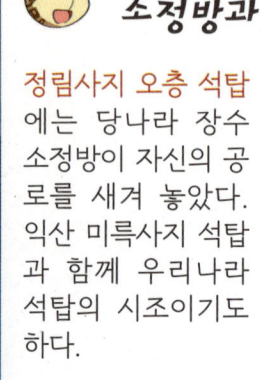

▲ 부여 정림사지 오층 석탑

* **포위**: 주위를 에워쌈.
* **항복**: 적이나 상대편의 힘에 눌리어 굴복함.

 의자왕은 정말 3천 명의 궁녀를 데리고 있었을까?

의자왕의 궁녀였던 3천 명의 여성들이 낙화암에서 뛰어내리는 모습이 마치 꽃잎이 흩날리는 것 같았다는 전설이 전해진다. 그러나 당시 사비성의 인구가 5만 명 정도라서 사비성에 3천 명의 궁녀가 있었다는 건 믿기 어렵고, 당시 기록에도 없다. 3천이라는 숫자는 ▶'백마강부'라는 시에 처음 *등장하는데, 이것은 문학적 상징어일 뿐이다.

▲ 부소산 낙화암

▶ 백마강부 : 조선 중기의 시인이었던 민제인이 지음.
* 등장 : 어떤 사건이나 분야에서 새로운 것이 처음으로 나옴.

▶ **천자문** : 중국 양나라 주흥사가 지은 책. 모두 1,000자로 되어 있으며 한자 학습의 입문서로 널리 쓰임.

▶ 신라 : 기원전 57년에 박혁거세가 지금의 영남 지방을 중심으로 세운 나라.

4권에 계속됩니다.

한국사 핵심 노트

7세기 백제 부흥 운동을 정리해 보자.

🟢 백제 부흥 운동

1) 복신·도침

660년에 의자왕이 신라에 항복하였지만 **복신과 도침은 백제의 멸망을 인정하지 않고 주류성(현재의 충남 서천)을 근거지로 삼고 전쟁을 계속하였다.** 그들은 왜에 가 있던 부여풍 왕자를 왕으로 세우고 왜에 구원병을 요청하며 나·당연합군에 저항하였다. 이후 부여풍은 도침을 제거한 복신이 자신을 죽이려 한다는 것을 눈치 채고 먼저 복신을 제거하여 권력을 독차지하였다. 그 후 **663년 백강 전투에서 나·당연합군에게 완전히 패배한 뒤 고구려로 갔다.**

2) 흑치상지

흑치상지는 660년 백제가 멸망할 때 나·당연합군에 항복하였다. 이후 나·당연합군은 더 많은 군사를 이끌고 백제 부흥 운동을 탄압하였고, 복신과 도침이 부흥 운동을 이끌었던 주류성이 함락된 뒤 당나라군에 항복하였다.

▲ 백제 부흥 운동

백제의 마지막 전투, 백강 전투

 신라와 당은 백제의 부흥 운동을 진압하기 위해 대규모 군대를 이끌고 주류성을 공격하였다. 이때 왜의 수군이 백제 부흥군을 돕기 위해 바다를 건너왔다. 그리하여 백강(지금의 금강 지역) 입구에서 백제와 왜의 연합군과 신라와 당의 연합군 사이에 전투가 벌어졌다. 이 전투에서 백제 부흥군과 왜의 군사가 크게 패하면서 백제 부흥 운동은 큰 타격을 입었고, 얼마 못 가 진압되었다.

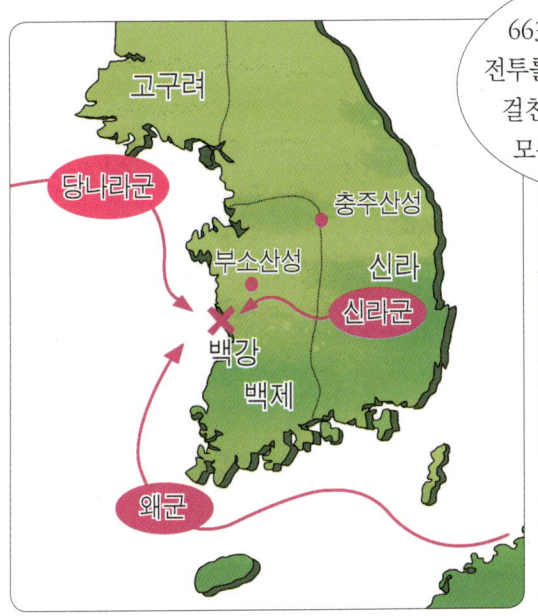

▲ 백강 전투

181

세계사 핵심 노트

> 7세기 일본 역사를 함께 살펴보자.

⬠ 일본, 개혁 시행 – 다이카 개신(645년)

1) 일본 최초의 통일 국가, 야마토 정권

3세기 무렵부터 야마토 지역에 있던 나라가 주변의 작은 나라들과 힘을 합쳐 연합국을 이루어 세력을 키워 나가기 시작하였다. 4세기에 들어서는 야마토 지역을 중심으로 통일된 국가가 생겼고, 야마토 정권이 지배하였다. 야마토 정권은 5세기에 이르러 일본 열도의 대부분을 지배하기 시작했다.

▲ 다이센 고분
야마토 조정에서 만든 무덤으로, 전체 길이 486m, 높이 35m의 거대한 규모를 통해 왕의 권력을 나타내고자 하였다.

2) 일본의 불교 수용

4세기 말에 왕인·아직기 등에 의해 한자와 유교가 전래되었고, 6세기에는 백제로부터 불교가 전래되었다. 그런데 이때 불교를 받아들이는 것을 찬성하는 사람들과 불교를 반대하는 사람들로 나뉘었다. 두 세력의 갈등은 30여 년에 걸쳐 계속되었고, 결국 전쟁이 일어났다. 이 전쟁에서 불교를 찬성하는 세력이 승리하게 되었고, 쇼토쿠 태자가 권력을 잡으면서 불교 문화가 본격적으로 받아들여지기 시작하였다.

▲ 호류사
601~607년에 쇼토쿠 태자가 세운 것으로 가장 오래된 목조 건물이다. 당시 일본으로 건너간 고구려의 승려 담징이 그린 금당벽화가 남아 있다.

3) 쇼토쿠 태자와 아스카 문화

　쇼토쿠 태자는 왕의 권위를 높이기 위해 호류사를 비롯한 절을 세워 불교를 크게 발전시켰다. 그리고 수나라와 교류하며 정치 제도와 법률 등을 받아들였다. 이 시기를 아스카 시대(592~709년)라 하고 고구려·백제·신라 삼국과 가야 문화의 영향을 받은 아스카 문화가 성립되었다. 일본 고분 벽화를 보면 색동 주름치마를 즐겨 입은 고구려 여인의 모습이 그대로 나타나 있음을 알 수 있다.

▲쇼토쿠 태자(가운데)

▲고구려 수산리 고분 벽화

▲일본 다카마쓰 고분 벽화

4) 중국을 모델로 한 개혁, 다이카 개신

　622년에 쇼토쿠 태자가 세상을 떠나자 당나라의 제도를 모방하여 강력한 권력을 가진 국왕 중심 정치 체제를 만들려는 개혁이 이루어졌다. 이를 '다이카 개신'이라고 한다.

도전! 역사 퀴즈

스마트폰으로 QR코드를 찍으면 보다 다양한 모바일 역사 게임을 만날 수 있습니다.

1번 🖉 38쪽, 40쪽, 59쪽, 121쪽, 147쪽을 참고하세요.

Q. 누리가 가로세로 퍼즐을 푸는데 어려움을 겪고 있어요. 누리를 도와 퍼즐을 풀어 보세요.

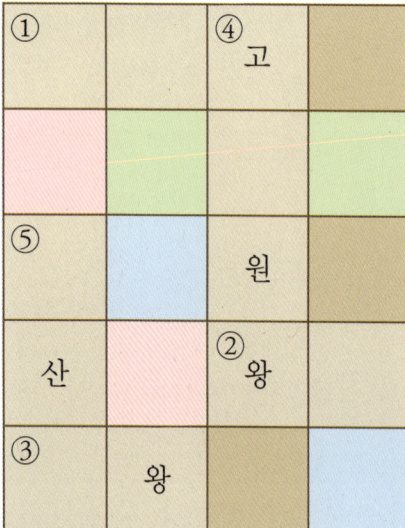

누리야, 걱정하지 마. 내가 풀어 볼게.

가로 열쇠 🔑

① 백제는 4세기 ○○○왕 때 전성기를 맞이하였다.
② 아직기의 추천으로 왜에 건너가 태자의 스승이 된 인물.
③ 백제의 발전을 위해 수도를 사비(지금의 부여)로 옮긴 왕.

세로 열쇠 🔑

④ 근초고왕은 고구려를 공격하여 고구려 ○○○○을 전사시켰다.
⑤ 백제 성왕은 ○○○ 전투에서 전사하였다.

2번 98쪽, 112쪽, 181쪽을 참고하세요.

Q. 아라가 가로세로 퍼즐을 풀고 있어요. 함께 퍼즐을 풀어 보세요.

	④		
	산		
①	성	왕	
			⑤
		②	강
③ 벽		제	

아무르, 백제의 마지막 왕이 의자왕 맞지?

가로 열쇠 🔑

① 신라 왕족의 딸과 혼인 동맹을 맺은 백제의 왕.
② 백제의 마지막 전투가 일어난 곳으로, 왜의 수군이 백제를 돕기 위해 바다를 건너왔다.
③ 전북 김제에 있는 우리나라 최초의 인공 저수지.

세로 열쇠 🔑

② 근초고왕, 무령왕, 의자왕은 ○○의 왕이다.
④ 수도를 방어하기 위해 웅진(지금의 충남 공주)에 만들어진 백제 시대의 산성.
⑤ 웅진은 산으로 둘러싸이고 ○○을 끼고 있어 방어에 유리한 지역이었다.

도전! 역사 퀴즈

3번

Q. 아래에서 백제 시대 인물의 이름을 찾아 표시해 보세요.
(예 : 근초고왕)　　　　　　답 (　　　　　　　　　)

광	우	계	눌	림	수
근	이	백	장	개	지
초	관	아	직	기	태
고	화	부	사	구	치
왕	장	수	무	령	왕
창	의	자	왕	고	로

나, 근초고왕은 백제의 전성기를 이끌었지.

4번

67쪽, 74쪽, 121쪽, 147쪽을 참고하세요.

Q. 백제에 대한 다음 내용을 읽고 옳으면 O, 옳지 않으면 X에 표시해 보세요.
답 (　　　　)

1. 근초고왕은 요서 지방을 무역 기지로 삼고 고구려를 견제하였다. (O , X)
2. 근초고왕은 왜와 동맹을 맺기 위해 칠지도를 만들어 바쳤다. (O , X)
3. 왕인은 왜로 건너가 불교를 공부하고 돌아왔다. (O , X)
4. 충남 공주시에는 무령왕의 무덤이 있다. (O , X)
5. 무령왕은 나라 이름을 '백제'에서 '남부여'로 바꾸었다. (O , X)
6. 성왕은 수도를 웅진에서 사비로 옮겼다. (O , X)
7. 의자왕은 관산성 전투에서 진흥왕에게 패배하였다. (O , X)

5번 ✏️ 108쪽~110쪽을 참고하세요.

Q. 누리가 초대장을 받았네요. (가)에 들어갈 장소로 알맞은 유적지를 골라 보세요.   답 (   )

제OO회 백제 문화제

일시 : 2016년 5월 5일
장소 :   (가)

주요 행사 :
- (가) 에서 출토된 유물 4,600여 점 중 일부 전시
- 잘 보존된 유적 돌아보기

①
▲공산성

②
▲무령왕릉

③
▲풍납토성

④
▲낙화암

도전! 역사 퀴즈

6번 ✏️ 24쪽, 25쪽, 38쪽, 40쪽, 44쪽을 참고하세요.

Q. 다음은 누리가 누군가의 뇌 구조를 가상으로 그려 본 것입니다. 이 사람은 누구일까요? 답( )

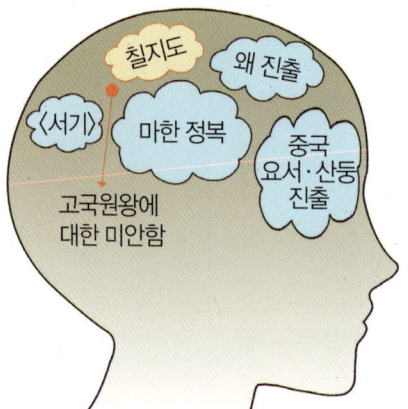

① 성왕
② 동성왕
③ 문주왕
④ 근초고왕

7번 ✏️ 85쪽, 112쪽을 참고하세요.

Q. 다음의 마인드맵을 보고 빈칸 ㉠과 ㉡에 들어갈 내용으로 바르게 짝지어진 것을 골라 보세요. 답( )

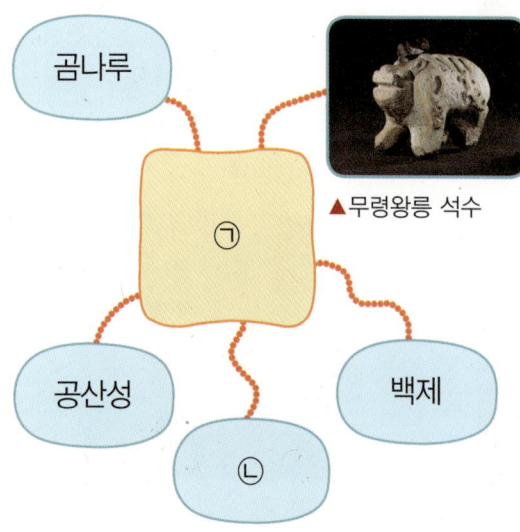

▲ 무령왕릉 석수

	㉠	㉡
①	한성	동성왕
②	한성	무령왕
③	웅진	무령왕
④	웅진	의자왕

8번 121쪽, 147쪽을 참고하세요.

Q. 다음은 누리가 한국사 공부를 하면서 만든 인물 카드입니다. 마지막 카드에 들어갈 인물은 누구일까요? 답 (   )

장수왕	아직기
• 수도를 옮김 • 백제 공격 • 중원 고구려비	• 근초고왕 때 왜로 건너감 • 일본 태자의 스승

무왕	?
• 재위 600~641년 • 미륵사 창건 • 선화 공주	• 재위 523~554년 • 수도를 사비로 옮김 • 관산성 전투

① 성왕
② 동성왕
③ 문주왕
④ 근초고왕

9번 77쪽을 참고하세요.

Q. 아라의 담임 선생님의 질문에 바르게 답한 학생은 누구일까요? 답 (   )

이 유물들을 보고 백제와 왜의 관계를 이야기해 보세요.

① 누리 : 왜의 앞선 문화가 백제 문화에 이바지했어요.
② 아라 : 왜가 백제를 정복하고 고구려와 신라를 침략했어요.
③ 상민 : 백제의 문화가 왜의 아스카 문화에 영향을 주었어요.
④ 민혁 : 백제가 왜를 식민지로 삼고 직접 사람을 보내 다스렸어요.

도전! 역사 퀴즈

10번 64쪽, 67쪽, 176쪽, 177쪽을 참고하세요.

Q. 아라가 모처럼 공부를 하기 위해 역사책을 펼쳤어요. 다음 설명과 사진을 보고 ㉠~㉡에 해당하는 인물은 누구인지 적어 보세요.

답 (㉠　　　　　　　　, ㉡　　　　　　　　)

• 백제의 마지막 왕 • 고구려와 연합하여 신라를 공격하였음. • 나·당연합군의 침입을 받고 무기력하게 나라를 잃음. 　　　　　　　　　　낙화암 ▶	㉠
• 아직기의 추천으로 왜로 건너갔음. • 왜에 〈논어〉와 〈천자문〉 등을 전해 주었음. • 왜에서 태자의 스승이 되었음. 　　　　　일본에 남아 있는 유적지 ▶	㉡

11번 176쪽, 182쪽을 참고하세요.

Q. 누리가 백제 역사를 공부하고 있어요. 다음 설명에 해당하는 것의 이름을 적어 보세요. 답 (㉠　　　　　　　　, ㉡　　　　　　　　)

	• 국보 제9호, 7세기에 만들어진 백제의 석탑. • 충남 부여에 있으며, 지금은 터만 남은 절터에 세워져 있음. • 당나라 장수 소정방이 백제를 정복한 후 '백제를 정벌한 기념탑'이라는 뜻의 글을 새겨 놓았음.	㉠
	• 601~607년에 쇼토쿠 태자가 세운 현존하는 일본 최고의 목조 건물. • 이곳의 목탑은 백제 양식으로 만들어졌으며, 세계에서 가장 오래된 목탑임.	㉡

12번 40쪽, 85쪽, 112쪽, 120쪽, 176쪽, 177쪽을 참고하세요.

Q. 아라가 지도를 보며 머리 아파해요. 아라를 도와서 다음 빈칸 ㉠~㉢ 지역과 관련 있는 것을 〈보기〉에서 골라 써 넣어 보세요.   답 (   )

〈보기〉 공산성, 무령왕릉, 근초고왕, 정림사지 오층 석탑, 성왕, 낙화암, 의자왕

한성(서울) (기원전18~475년) — ㉠

웅진(공주) (475~538년) — ㉡

사비(부여) (538~660년) — ㉢

지도를 보니 백제의 수도가 한성(서울) → 웅진(공주) → 사비(부여)로 옮겨진 걸 한눈에 알 수 있군.

도전! 역사 퀴즈

13번 ✏ 180쪽을 참고하세요.

Q. 다음 지도는 백제 멸망 후 부흥 운동이 일어났던 지역을 표시한 것입니다. 빈칸 ㉠과 ㉡에 들어갈 인물로 바르게 짝지어진 것은 무엇일까요?

답 (　　)

	㉠	㉡
①	복신	도침 · 안승
②	고연무	흑치상지 · 도침
③	안승	검모잠 · 복신
④	흑치상지	복신 · 도침

백제가 멸망 후 일어난 백제 부흥 운동은 모두 실패했어요.

어허~ 어딜 가느냐?
한 문제 더 풀고 가야지.

14번

Q. 아라가 백제 왕에 대해 공부하고 있어요. 백제 왕과 관련 있는 것끼리 선으로 연결하도록 도와 주세요. 답 (⑴　, ⑵　, ⑶　, ⑷　)

(1)  ◀칠지도

(2)  ◀무령왕릉

(3)  ◀관산성 전투

(4) ◀낙화암

① ▲성왕

② ▲근초고왕

③  ▲의자왕

④  ▲무령왕

QR 박물관

스마트폰으로 QR코드를 찍어 보면 해당 기관의 문화재 정보로 연결됩니다!

공주 송산리 고분군 - 무령왕릉

▲ 무령왕릉 ⓒ 문화재청

드론 촬영한 생생한 유적지를 만나 보세요!

백제의 웅진 시대 왕들의 무덤이 모여 있는 곳이다. 이 일대에 있는 7기의 고분들 중 무령왕릉은 백제 25대 무령왕과 왕비의 무덤으로 1971년 처음 발굴되었다. 무령왕릉은 백제의 벽돌무덤으로, 터널형 널방 앞에 짧은 널길을 가지고 있으며 긴 배수로도 갖추고 있다. 사적 제13호.
• 소재지 : 충남 공주시 금성동 산5-1

무령왕릉 석수

▲ 무령왕릉 석수 ⓒ 문화재청

무령왕릉에서 발견된 석수, 즉 돌로 만든 상이다. 이 석수는 무덤 수호를 목적으로 만든 것으로 우리나라에서는 처음 발견된 것이다. 석수의 모양은 입은 뭉뚝하고 입술에는 붉게 칠한 흔적이 있으며 콧구멍 없는 큰 코에 눈과 귀가 있다. 머리 위에는 나뭇가지 형태의 철제 뿔이 붙어 있다. 국보 제162호.
• 소장지 : 충남 공주시 관광단지길 34 국립공주박물관

무령왕릉 지석

▲ 무령왕릉 지석 ⓒ 문화재청

지석은 무덤으로 사용할 땅을 지신, 즉 땅의 신에게 사들였다는 내용을 새긴 돌판이다. '백제 사마왕'이라는 글자가 뚜렷하게 새겨져 있었는데, 〈삼국사기〉와 〈삼국유사〉에 무령왕을 사마왕으로 표기하고 있는 것으로 미루어 무덤의 주인이 무령왕임을 알 수 있다. 이를 통해 왕릉의 주인을 확인할 수 있었으며 우리나라에서 가장 오래된 지석이다. 국보 제163호.
• 소장지 : 충남 공주시 관광단지길 34 국립공주박물관

▲ 무령왕 금제관식 ⓒ 문화재청

무령왕 금제관식

얇은 금판을 뚫어 덩굴 무늬로 장식했으며, 밑으로는 줄기가 있는데 아래위로 2~3개의 작은 구멍이 있어 무엇인가에 부착할 수 있도록 해 놓았다. 좌우로 벌어진 줄기 중간에는 꽃 무늬를 배치하였으며, 줄기가 길게 연장되면서 마치 불꽃이 타오르는 듯한 모양새로 문양의 좌우가 비대칭으로 되어 있다. 국보 제154호.
• 소장지 : 충남 공주시 관광단지길 34 국립공주박물관

▲ 무령왕비 금제관식 ⓒ 문화재청

무령왕비 금제관식

얇은 금판을 예리한 도구로 도려내어 무늬를 만들었는데 왕의 금제관식과는 달리 문양이 좌우대칭으로 정돈되어 있다. 중심부의 연꽃받침 위에 놓인 병을 중심으로 그 주위에 덩굴 무늬가 있고 병 위에는 활짝 핀 꽃 한 송이가 있다. 국보 제155호.
• 소장지 : 서울 용산구 서빙고로 137 국립중앙박물관

▲ 백제 금동 대향로 ⓒ 문화재청

백제 금동 대향로

1993년 부여 능산리 절터 발굴 조사 과정에서 건물터 바닥 구덩이에서 진흙 속에 묻힌 채 완전한 형태로 발견된 백제 시대의 향로이다. 금동 대향로는 청동 위에 금을 입힌 큰 향로라는 뜻이다. 향로 받침에 있는 용이 머리를 들어 커다란 꽃봉오리를 물고 있는 모습으로 표현되어 있으며, 뚜껑 위에는 날개를 활짝 편 봉황이 있다. 국보 제287호.
• 소장지 : 충남 부여군 부여읍 금성로 5 국립부여박물관

* 본책에서 제공하는 사진 자료의 QR코드 서비스는 표시되어 있는 저작권 이용 조건에 따라 사용하실 수 있습니다.

도전! 역사 퀴즈 정답과 해설

1번 답

①근	초	④고	
		국	
⑤관		원	
산		②왕	인
③성	왕		

이제 정답을 확인할 시간이네.

〈가로 열쇠〉 ① 근초고 ② 왕인 ③ 성왕
〈세로 열쇠〉 ④ 고국원왕 ⑤ 관산성

2번 답

	④공		
	산		
①동	성	왕	
			⑤금
		②백	강
③벽	골	제	

퍼즐을 모두 풀다니 대단해!

〈가로 열쇠〉 ① 동성왕 ② 백강 ③ 벽골제
〈세로 열쇠〉 ② 백제 ④ 공산성 ⑤ 금강

3번 답 근초고왕, 계백, 아직기, 무령왕, 의자왕

4번 답 1. ○ 2. × 3. × 4. ○ 5. × 6. ○ 7. ×

2. 칠지도는 근초고왕이 왜왕에게 하사한 물건이다. 3. 왕인은 왜에 〈논어〉와 〈천자문〉을 전파하였다. 5. 나라 이름을 백제에서 남부여로 바꾼 사람은 성왕이다. 7. 관산성 전투에서 진흥왕에게 패배한 사람은 성왕이다.

5번 답 ②

6번 답 ④

근초고왕은 마한을 모두 정복하고 중국과 왜로 진출하였고, 고구려를 공격하여 고국원왕을 전사시켰다. 또한, 왜왕에게 칠지도를 하사하기도 하였고, 박사 고흥을 시켜 역사서 〈서기〉를 편찬하도록 하였다.

7번 답 ③

충남 공주에 있는 공산성과 곰나루는 백제 웅진 시대의 성과 나루터이다. 석수는 무령왕릉에서 출토된 유물로 마인드맵은 백제 무령왕 때를 나타내고 있다.

8번 답 ①

성왕은 수도를 웅진에서 사비로 옮기며 백제의 중흥을 꾀하였으나 관산성 전투에서 신라 진흥왕에 패배하여 전사하였다.

도전! 역사 퀴즈 정답과 해설

9번 답 ③
일본 호류사에서 출토된 막새기와는 백제의 막새기와와 매우 흡사한 모습이다. 일본 호류사에는 백제인의 기술로 만든 백제 관음상이 있다.

10번 답 ㉠ 의자왕 ㉡ 왕인

11번 답 ㉠ 정림사지 오층 석탑 ㉡ 호류사

12번 답 ㉠ 근초고왕
㉡ 공산성, 무령왕릉
㉢ 정림사지 오층 석탑, 성왕, 낙화암, 의자왕

13번 답 ④

14번 답 ⑴ ② ⑵ ④ ⑶ ① ⑷ ③
⑴ 칠지도는 백제 근초고왕(4세기)이 왜왕에게 선물한 것이다. ⑶ 성왕은 관산성 전투에서 신라군과 싸우다 죽음을 맞았다. ⑷ 의자왕 때 나·당연합군이 공격해 오자 의자왕의 삼천 궁녀가 낙화암에 올라 몸을 던졌다는 이야기가 있다.

자료 제공

사진 출처 **21** 철정·국립중앙박물관 **44** 능허대·문화재청 김제 벽골제·문화재청 **45** 풍납토성 초두·문화재청 풍납토성·문화재청 몽촌토성·문화재청 **46** 다리우스 1세 무덤·연합뉴스 **47** 페르시아 사신 모습·유로크레온 **60** 성기동 관광지·한국문화관광연구원 **69** 왕인 박사의 묘·연합뉴스 **74** 칠지도·국립중앙박물관 **77** 백제 관음상·유로크레온 **78** 둔황 석굴 전경·유로크레온 96호 둔황 석굴·유로크레온 328호 둔황 석굴 내부·뉴스뱅크이미지(동아일보) **79** 봉선사동 대불(용문석굴 봉선사)·연합뉴스 봉선사동의 사천왕상과 금강역사상(용문석굴 봉선사)·연합뉴스 원강 석굴 대불·당민중 **86** 무령왕릉·문화재청 **98** 김제 벽골제·문화재청 **108** 무령왕 금제관식·문화재청 무령왕 금귀걸이·문화재청 무령왕릉 지석·문화재청 **109** 공주 송산리 고분군·문화재청 **112** 곰나루·문화재청 공산성 성곽·문화재청 공산성 성벽·문화재청 공산성 연지·문화재청 **113** 무령왕릉·문화재청 무령왕릉 내부·문화재청 무령왕비 은팔찌·국립중앙박물관 무령왕릉 석수·국립중앙박물관 **114** 관우상·연합뉴스 **115** 죽림칠현도 무늬 큰 접시·국립중앙박물관 백제 금동 대향로·국립중앙박물관 산 경치 봉황 무늬 벽돌·국립중앙박물관 **119** 부여 부소산성·문화재청 **148** 익산 미륵사지·문화재청 **149** 부소산 낙화암·연합뉴스 천정대·게티이미지(멀티비츠) 부여 궁남지·연합뉴스 정림사지 오층 석탑·문화재청 **150** 포로 로마노·유로크레온 로마의 군인·유로크레온 **151** 카이사르 동상·연합뉴스 로마 황제 아우구스투스·위키피디아 **176** 부여 정림사지 오층 석탑·문화재청 **177** 부소산 낙화암·연합뉴스 **182** 다이센 고분·유로크레온 **183** 고구려 수산리 고분 벽화·연합뉴스 일본 다카마쓰 고분 벽화·연합뉴스 **187** 공산성 성곽·문화재청 무령왕릉·문화재청 풍납토성·문화재청 부소산 낙화암·연합뉴스 **188** 무령왕릉 석수·국립중앙박물관 **189** 백제 관음상·유로크레온 **190** 부소산 낙화암·연합뉴스 왕인 박사의 묘·연합뉴스 정림사지 오층 석탑·문화재청 **193** 무령왕릉 내부·문화재청 부소산 낙화암·연합뉴스 **194** 무령왕릉·문화재청 무령왕릉 석수·문화재청 무령왕릉 지석·문화재청 **195** 무령왕 금제관식·문화재청 무령왕비 금제관식·문화재청 백제 금동 대향로·문화재청 **역사 카드** 무령왕릉 내부·문화재청 백제 금동 대향로·국립중앙박물관 부여 정림사지 오층 석탑·문화재청

이 책에 사용한 모든 자료의 출처를 밝히기 위해 노력하였습니다. 누락되었거나 잘못된 점이 발견되면 바로잡겠습니다.

재미도 지식도 살아 있는 학습만화
LIVE 시리즈

과학 원리가 살아 있는 LIVE 과학

- 최신 과학 원리가 한 권에!
- 통합 교육 과정에 맞춘 교과 연계

• 첨단 과학(전 20권) / 지구 과학(전 10권) / 생명 과학(전 10권) / 기초 물리(전 10권) / 기초 화학(전 10권)
초등 전 학년 | 전 60권 | 각 권 200쪽 | 정가 각 13,000원

역사의 흐름이 살아 있는 LIVE 세계사

- 전문가와 함께 기획한 구성
- 각 나라의 대표 인물을 통해 배우는 생생한 역사

• 초등 전 학년 | 전 20권 | 각 권 200쪽 | 정가 각 13,000원

지식과 인물이 살아 있는 LIVE 한국사

- 시대별 인물을 통해 배우는 생생한 역사
- 한국사 능력 시험 직접 연계

• 초등 전 학년 | 전 20권 | 각 권 200쪽 | 정가 각 13,000원